金融機関行職員のための

ファーストブック

［第4版］

〜ビジネスマナーと仕事のきほん〜

株式会社 プラチナ・コンシェルジュ 編著

Prologue
プロローグ

　今まさに、社会人として、新たな一歩を踏み出そうとしている皆さん。大きな期待と不安が入り混じった複雑な感情を抱いているのではないでしょうか。この本では、金融機関で働こうとしている新入行職員・内定者の皆さんに、最低限知っておいてほしいマナーや、金融機関の業務の概要、経済・金融に関する知識をご紹介します。これを実践していただけば、きっと金融機関行職員として、幸先の良いスタートを切ることができるでしょう。

　さて、本題に入る前に、そもそも「働く」ということにどういう意味があるのかについて、考えてみたいと思います。私は常々、仕事をすることには大きく4つの意味があると考えています。

　1つ目は、「生活の糧」、すなわちお金を稼ぐことです。いきなりこう書くと、なんとなく卑しいイメージがするでしょうか。いいえ、それは違います。社会人たるもの、原則として自立した存在であることが前提となります。生きていくためにはどうしてもある程度のお金が必要になるので、収入を得ることは働くことの大きな目的の1つと言えるでしょう。報酬(給料)を得ることは、また、それだけの成果や責任を求められることでもあります。この点が、学生時代のアルバイトや趣味とは大きく異なるところです。

　2つ目は、「自己実現」。能力や得意分野を活かして人生の目標を達成することも、仕事の意味の1つです。自己実現は趣味や子育てなどでもできますが、仕事は他人からの評価をもらいやすいという点で、自己実現の手段に適しているといえるでしょう。自身の「成長」を実感しやすいのも、キャリア開発の場面です。

　ところで皆さんは、これからの人生でどれくらいの時間働くか、考えてみたことがありますか。仮に1日8時間、大学卒業後60歳まで働くと仮定すると、約9万時間にもなるのです。特に平日は、起きている時間のほとんどを仕事に捧げることに。この膨大な時間を活かさずに人生を輝かせることができるかと考えれば、自分の価値観に照らして良い仕事をすることが、いかに重要かを実感できるでしょう。

　3つ目は、「組織・チームへのロイヤリティ(忠誠心)」です。会社員になるということは、組織の一員として、組織の目標達成のために働くことが重要になります。皆さんが受け取る報酬は、組織に貢献したことへの「対価」にほかなりません。組織で働く以上、自分が属する組織やチームの目標を共有し、その中で自らが果たすミッション(役割)を常に意識して行動することが重要です。

　職場は、気の合う友達、価値観の似た仲間が集まるサークルなどとは違います。上下関係をもとにした縦社会の中で、自らの立場をわきまえつつも、自分にできる精一杯のことを積極的に行っていくことが必要です。

そして4つ目は、「社会貢献」。企業の目的は、利潤の追求と言われます。しかし、単に業績を上げ、利益さえ得られれば良いというわけではなく、それがより良い社会を築くことにつながっていることも重要です。特に、経済のインフラとしての機能を果たす金融機関は公共性が強いので、自分の業務が直接・間接に社会にどう役立っているかを意識し続けることで、仕事に対する高いモチベーションや誇りを維持しやすくなるでしょう。

　命の次に大切ともいわれるお金を扱う金融機関の行職員に対しては、お客さまの期待や信頼が大きく、裏を返せば、それだけ厳しい目でも見られています。そのため、「金融機関行職員らしさ＝信頼・信用」であることを肝に銘じ、行動するよう心がけましょう。

　このたび、本著は第4版の刊行となりました。

　2011年の初版発行当時に比べ、金融機関を取り巻く環境やその役割は大きく変わっており、そこで働く人に求められる能力・知識もそれに応じて変化が進んでいます。本「第4版」の改訂では、これから社会に出る皆さんにとって、どのような時代環境となっても役立つ「礎」の知識とともに、昨今の社会情勢を反映したフレッシュな情報をお届けすることを意識しました。

　ぜひ、今後の大いなる活躍のため、お役立ていただければ幸いです。

2024年3月

生活経済ジャーナリスト
和泉 昭子
（総監修）

CONTENTS

プロローグ

第1章

マナー編

1　身だしなみ ‥‥‥‥‥‥‥‥‥‥‥‥‥‥‥ 02
　① 基本の身だしなみ ‥‥‥‥‥‥‥‥‥‥‥ 02
　② 身だしなみのチェックリスト（男性編）‥‥‥‥ 03
　③ 身だしなみのチェックリスト（女性編）‥‥‥‥ 04
　④ スーツ購入時のポイント ‥‥‥‥‥‥‥‥ 05

2　挨拶・言葉づかい ‥‥‥‥‥‥‥‥‥‥‥ 06
　① さまざまな挨拶 ‥‥‥‥‥‥‥‥‥‥‥‥ 06
　② 役職の呼び方 ‥‥‥‥‥‥‥‥‥‥‥‥‥ 08
　③ 社会人としてふさわしい言葉づかい ‥‥‥‥ 10
　④ 好印象を与える言葉 ‥‥‥‥‥‥‥‥‥‥ 12

3　仕事(職場)のルール ‥‥‥‥‥‥‥‥‥ 14
　① 始業準備・終業時 ‥‥‥‥‥‥‥‥‥‥‥ 14
　② 仕事の進め方 ‥‥‥‥‥‥‥‥‥‥‥‥‥ 16
　③ ホウ・レン・ソウ ‥‥‥‥‥‥‥‥‥‥‥ 18
　④ 会議や打ち合わせ ‥‥‥‥‥‥‥‥‥‥‥ 20
　⑤ 休暇の取り方 ‥‥‥‥‥‥‥‥‥‥‥‥‥ 21
　⑥ 禁止事項あれこれ ‥‥‥‥‥‥‥‥‥‥‥ 22

4　電話 ‥‥‥‥‥‥‥‥‥‥‥‥‥‥‥‥‥ 24
　① 電話の受け方・取り次ぎ方 ‥‥‥‥‥‥‥ 24
　② 電話のかけ方 ‥‥‥‥‥‥‥‥‥‥‥‥‥ 26
　③ 伝言メモの活用 ‥‥‥‥‥‥‥‥‥‥‥‥ 29
　④ ケーススタディ ‥‥‥‥‥‥‥‥‥‥‥‥ 30

5　接客 ‥‥‥‥‥‥‥‥‥‥‥‥‥‥‥‥‥ 34
　① 挨拶・名刺の受け渡し ‥‥‥‥‥‥‥‥‥ 34
　② 各種席順 ‥‥‥‥‥‥‥‥‥‥‥‥‥‥‥ 36
　③ 来訪者の迎え方 ‥‥‥‥‥‥‥‥‥‥‥‥ 38
　④ お茶の出し方 ‥‥‥‥‥‥‥‥‥‥‥‥‥ 41
　⑤ アポイントの取り方 ‥‥‥‥‥‥‥‥‥‥ 44

CONTENTS

⑥ 他社への訪問の仕方 ‥‥‥‥‥‥‥‥‥‥‥‥‥‥ 46

⑦ 個人宅への訪問 ‥‥‥‥‥‥‥‥‥‥‥‥‥‥‥‥ 48

⑧ 店舗での接客 ‥‥‥‥‥‥‥‥‥‥‥‥‥‥‥‥‥ 50

6 文書 ‥‥‥‥‥‥‥‥‥‥‥‥‥‥‥‥‥‥‥‥‥ 56

① 報告書の書き方 ‥‥‥‥‥‥‥‥‥‥‥‥‥‥‥‥ 56

② 手紙の書き方・封筒の書き方 ‥‥‥‥‥‥‥‥‥‥ 58

③ 文書のやり取りにおけるルール ‥‥‥‥‥‥‥‥‥ 61

7 コミュニケーション ‥‥‥‥‥‥‥‥‥‥‥‥‥‥ 62

① 聴き方・話し方 ‥‥‥‥‥‥‥‥‥‥‥‥‥‥‥‥ 62

② 職場の人間関係 ‥‥‥‥‥‥‥‥‥‥‥‥‥‥‥‥ 65

③ お客さまとのトラブルやクレームにあったら ‥‥‥ 66

8 オンラインでのマナー ‥‥‥‥‥‥‥‥‥‥‥‥‥ 69

① 対面時と同じような環境作り ‥‥‥‥‥‥‥‥‥‥ 69

② 対面では起こり得ない事態を防ぐ ‥‥‥‥‥‥‥‥ 70

③ 双方向のやり取りへの配慮 ‥‥‥‥‥‥‥‥‥‥‥ 70

第2章

業務編

1 金融機関の業務とその役割 ‥‥‥‥‥‥‥‥‥‥‥ 74

① 金融機関の役割 ‥‥‥‥‥‥‥‥‥‥‥‥‥‥‥‥ 74

② 金融機関の種類 ‥‥‥‥‥‥‥‥‥‥‥‥‥‥‥‥ 78

2 金融機関の3大業務 ‥‥‥‥‥‥‥‥‥‥‥‥‥‥ 80

① 預金業務 ‥‥‥‥‥‥‥‥‥‥‥‥‥‥‥‥‥‥‥ 80

② 融資業務 ‥‥‥‥‥‥‥‥‥‥‥‥‥‥‥‥‥‥‥ 82

③ 為替業務 ‥‥‥‥‥‥‥‥‥‥‥‥‥‥‥‥‥‥‥ 84

④ 手数料収入 ‥‥‥‥‥‥‥‥‥‥‥‥‥‥‥‥‥‥ 86

3 金融機関で扱う主な商品 ‥‥‥‥‥‥‥‥‥‥‥‥ 88

① 預金商品 ‥‥‥‥‥‥‥‥‥‥‥‥‥‥‥‥‥‥‥ 88

② 運用商品 ‥‥‥‥‥‥‥‥‥‥‥‥‥‥‥‥‥‥‥ 90

③ 保険商品 ‥‥‥‥‥‥‥‥‥‥‥‥‥‥‥‥‥‥‥ 93

④ ローン商品 ‥‥‥‥‥‥‥‥‥‥‥‥‥‥‥‥‥‥ 97

4 支店の一般的な仕事 ……………………………………… 99

　① 組織とスタイル ……………………………………… 99

　② 窓口業務の基本 ……………………………………… 101

　③ 預金業務の基本 ……………………………………… 103

　④ 内国為替業務 ……………………………………… 106

　⑤ 渉外担当者の仕事 ……………………………………… 108

　⑥ 運用相談担当者の仕事 ……………………………………… 109

　⑦ 融資担当者の仕事 ……………………………………… 111

　⑧ その他 ……………………………………… 113

5 本部の一般的な仕事 ……………………………………… 114

第3章

知識編

1 金融を動かす事柄・指標を知る ……………………………………… 120

　① 日本銀行 ……………………………………… 120

　② 金利 ……………………………………… 121

　③ 株価 ……………………………………… 122

　④ 外国為替 ……………………………………… 123

　⑤ 物価〜インフレ・デフレ ……………………………………… 124

　⑥ 代表的な指標 ……………………………………… 125

2 金融機関に関係するルールを知る ……………………………………… 127

　① 金融機関の自己資本比率規制 ……………………………………… 127

　② 預金保険制度とペイオフ ……………………………………… 128

　③ マネー・ローンダリングの防止 ……………………………………… 129

　④ 個人情報の適切な取扱い ……………………………………… 130

　⑤ 金融商品の販売にかかるルール ……………………………………… 131

　⑥ 振り込め詐欺等の防止 ……………………………………… 132

3 経済を動かす社会情勢（トピックス）を知る ……………………………………… 133

　① 少子高齢化 ……………………………………… 133

　② 公的年金 ……………………………………… 134

　③ 財政問題 ……………………………………… 135

　④ 決済の多様化 ……………………………………… 136

　⑤ 第4次産業革命 ……………………………………… 137

　⑥ SDGsとESG投資 ……………………………………… 138

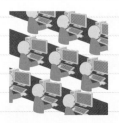

CONTENTS

コラム

休暇取得のもう1つの意味 ……………………………………… 21

金融機関で働く人のお金の使い方 ……………………………… 22

さまざまなケースの電話対応 …………………………………… 33

応接室での名刺交換のポイント ………………………………… 36

お酒の席／イベント参加の心構え ……………………………… 43

冠婚葬祭の常識 …………………………………………………… 45

障がい者の差別解消に向けて …………………………………… 55

メンタルヘルスの重要性 ………………………………………… 55

セクハラ・パワハラ ……………………………………………… 64

反社会的勢力との取引排除 ……………………………………… 68

金融機関行職員に役立つ資格・知識 …………………………… 72

マイナンバー制度 ………………………………………………… 118

NISA (少額投資非課税制度) …………………………………… 118

おことわり

●本書で取り上げるマナーのルールおよび各種の規定（程）は、一般的な内容として掲載しています。実際には、勤務先の各金融機関の取り決めに従ってください。

●本書では、銀行、信用金庫、信用組合など、業態によって呼び名・名称が異なる場合でも、原則として銀行の表記（当行、自行、行内など）に統一しています。また、一般的な名称（社内、社外など）を使用している場合もあります。本書をお読みになる際は、自分が所属する金融機関の表記（当金庫、自金庫、庫内／当組合、自組合、組合内など）に置き換えてご活用ください。

第1章
マナー編

社会人として働く第一歩は、"社会人としてのマナー"を身に付けることからはじまります。学生の時には知らなかったことや、間違えて覚えてしまったこともあるかもしれません。最初は戸惑うかもしれませんが、1つひとつ確実に身に付け、社会人の仲間入りをしましょう。

1 身だしなみ

ビジネスシーンではお客さまや一緒に働く人たちと良好な人間関係を築いていかなくてはなりません。身だしなみは、仕事に対する誠意や熱意を相手に示す重要なポイントのひとつ。格好のよさや美しさより清潔感や感じのよさを追求しましょう。

1 基本の身だしなみ

　金融機関は、お客さまの大切なお金を扱っています。お客さまに安心してご利用いただくためには、そこで働く皆さん一人ひとりがお客さまの信頼に足る人間であることを示さなければなりません。装いのポイントは、清潔感と信頼感、機能性です。

　おしゃれと身だしなみの違いにも留意しましょう。おしゃれは「自分の好みの服装を自分視点で選び装うこと」、一方、身だしなみは「相手に失礼のない服装を相手視点で装うこと」です。お客さまには老若男女さまざまな方がいらっしゃいます。誰に対しても失礼のないよう、どれくらい着飾るかではなく、どれくらいシンプルに装うかで考えましょう。

注意点 1 清潔感を意識しよう	注意点 2 信頼感を与えよう	注意点 3 機能性を重視しよう
スーツの汚れやシワは相手に不快感を与えます。ジャケットのボタンの取れや緩み、ズボンの裾のほつれがないように注意しましょう。	なるべくオーソドックスなものを選びましょう。色はグレーかネイビーがおすすめです。女性の場合は、胸元や腕、足元などの露出についても配慮しましょう。	汚れが目立たず動きやすいものを選びましょう。女性の場合は、スカートの丈やゆとりで動きやすさが変化します。

ク ールビズ

　28度の室温で快適に働ける軽装を言います。2005年に、環境省の呼びかけによってスタートした取り組みですが、世間での浸透具合にはばらつきがあります。職場の規定を守るだけでなく、お客さまの様子を見て一言お断りする配慮を忘れずに行いましょう。

制 服時の身だしなみ

　制服は金融機関のイメージを作り出す大切な要素で、多くの行職員が着用することで統一美が保たれます。

　ネームバッジはお客さまから見やすい所定の位置（通常は左胸）に着用し、傾きに注意します。

アクセサリーを着用する場合には、ブランドのロゴが目立たないものにしましょう。靴の色は黒・紺など制服にあった色味で、デザインはシンプルなローヒールを選びます。

② 身だしなみのチェックリスト（男性編）

Check 01 髪

☐ 耳にかからないようにサイドがすっきりなっているか
☐ 襟足はシャツにつかない長さに保たれているか

Check 02 顔

☐ アクセサリーは原則禁止
☐ 目が充血したり目やにがついていないか
☐ ブレスケアをしているか
☐ 髭のそり残しや鼻毛が伸びていないか
☐ 不自然な眉になっていないか
☐ メガネが汚れていないか

Check 03 手元

☐ 爪が伸びすぎていないか
☐ 手や爪が汚れていないか

Check 04 足元

☐ 靴が磨かれているか
☐ 踵（かかと）が減りすぎていないか
☐ 靴の色がスーツに合っているか
☐ 靴下の素材がビジネス向けか
☐ 靴下がずり落ていないか

Check 05 スーツスタイル

☐ ジャケットにシワや汚れがないか
☐ ボタンが取れたり緩んでいないか
☐ シャツの襟や袖口が汚れていないか
☐ シャツにアイロンがかかっているか
☐ ネクタイが曲がっていないか
☐ ネクタイの結び目が緩んでいないか
☐ ズボンに折り目がきれいについているか
☐ ベルトの色はスーツの色に合っているか
☐ 体型に合っているか
☐ 裾の長さはちょうどよいか
☐ ポケットが膨らみすぎていないか
☐ 流行に流されずにシンプルなものか
☐ ジャケット・シャツ・ネクタイの色味がマッチしているか
☐ 色や柄が派手すぎないか

 One Point manner クールビズ

　ノージャケット・ノーネクタイが基本のため、ベルトやワイシャツが目につきます。ベルトの幅やバックルは適切なものにし、しわになりにくい素材のものを選んだり、襟元のパリッとしたワイシャツを着用するなど、いつも以上に身だしなみに気を配ることが大切です。

※身だしなみについては一般的なチェック内容を掲載しています。実際には所属する金融機関のルールに従いましょう。

❸ 身だしなみのチェックリスト（女性編）

Check 01 髪

- □ 肩より長い髪の毛は束ねているか
- □ 前髪が目にかからないようにセットしているか
- □ 髪止めは目立たないシンプルなものを選んでいるか

Check 04 手元

- □ 爪が伸びすぎていないか
- □ 手や爪が汚れていないか
- □ マニキュアの色は適正か
- □ マニキュアが剥げていないか

（窓口でお金を数えたり通帳を確認する際にお客さまの目が行きがちな爪や指先の手入れも忘れずに）

Check 05 足元

- □ 靴が磨かれているか
- □ 踵が減りすぎていないか
- □ 靴の色がスーツの色に合っているか
- □ スーツに合った靴か
- □ ストッキングはナチュラルな肌色か

Check 02 顔

- □ 職場にふさわしい化粧か
（メイクはナチュラルを心がけますが、ノーメイクはマナー違反。チークや口紅の色は明るい印象に見えるものを選びましょう）
- □ 化粧崩れはしていないか
- □ ブレスケアをしているか
- □ 香水の匂いがきつくないか
- □ メガネが汚れていないか

Check 03 アクセサリー

- □ つけすぎていないか
- □ 派手すぎないか
- □ 明らかなブランド物ではないか

Check 06 スーツスタイル

- □ ジャケットにシワや汚れがないか
- □ ボタンが取れたり緩んでいないか
- □ シャツの襟や袖口が汚れていないか
- □ 襟が開きすぎていないか
- □ シャツにアイロンがかかっているか
- □ パンツに折り目がきれいについているか
- □ スカートの丈が短かすぎないか
- □ スカートのスリットが深すぎないか
- □ 体型に合っているか
- □ ポケットが膨らみ過ぎていないか
- □ 流行に流されずにシンプルなものか

One Point manner クールビズ

　白や淡い色のトップスを着用する場合には、下着の透け対策を忘れずに。ノースリーブやミニスカートなど露出の高い服装、足の指が見えるサンダルも避けましょう。ストッキングは必ず着用します。

※身だしなみについては一般的なチェック内容を掲載しています。実際には所属する金融機関のルールに従いましょう。

④ スーツ購入時のポイント

ポイント1 素材

シワになりにくく型崩れしにくいものがおすすめです。ウールが一般的ですが、ポリエステル混の素材や形状記憶のタイプも便利です。

ポイント2 デザイン

男性のジャケットはシングルの2つボタンか3つボタンが一般的、女性はベーシックなテーラードジャケットやセットアップスーツが基本です。

ポイント3 ネクタイ

ベースの色はブルー、グレー、グリーンなどが無難です。柄は大きくなるほど派手に見えるので、最初は小紋や小さめの水玉が無難でしょう。

ポイント4 ブラウス（女性）

白か淡い色の無地がおすすめです。胸元の開き具合や透け具合の有無など、試着をして確かめましょう。

ポイント5 ワイシャツ（男性）

清潔感をアピールするには、白の無地が最適です。職場の様子を見て色柄物も着用できますが、色は水色など淡い寒色系、ストライプやチェック柄は薄くて細かい柄を選びましょう。サイズも重要です。特に首周りのサイズが合わないと、襟元が引き締まらず全体的な印象までだらしなく見えます。購入する際には、首周りを採寸してもらい、人差し指を一本さしこめるくらいのゆとりのあるものを選びましょう。

ポイント6 靴・ベルト

男性用：緩みを調整できる、ひもで結ぶ靴が便利です。ベルトと靴の色をそろえると統一感が出ます。
女性用：ヒールが高すぎたり、大きな飾り付きのものは避けましょう。

ポイント7 靴下・ストッキング

靴下はスーツと同系色の濃いものを選びましょう。白い靴下はカジュアルになりすぎます。ストッキングは肌色が基本です。タイツや網状のストッキングは避けたほうが無難です。

One Point manner 小物を揃える際のポイント

○時計　革ベルトかメタリックなものがおすすめです。スポーツタイプの時計はNGです。
○携帯電話　お客さまの目に触れる可能性がある場合には、過度に装飾しないようにしましょう。
○手帳　さまざまな種類が出ています。ワークスタイルに合った仕様を選びましょう。
○名刺入れ　素材・色・使用感によって持ち主の印象が左右されます。

2 挨拶・言葉づかい

　挨拶は、より良い仕事をするための潤滑油。その挨拶が適切で魅力あるものであれば、人間関係も良好になります。ここでは、社会人として身につけるべき、その場にふさわしい挨拶を相手・シーン別に紹介します。挨拶は、謝るとき以外は「相手の目を見て、笑顔で」が基本です。きちんとした挨拶は、あなたの魅力を高め、仕事をスムーズに進める力をもちます。

① さまざまな挨拶

出 社時・外出時・帰社時

　朝出社したら、まず、会った人に元気に明るく「おはようございます」と、自分のほうから声をかけましょう。同期入社なら「おはよう」でもかまいません。また、警備員、配送、清掃の方などの外部の協力者にもこちらから挨拶をすると気持ちよいものです。さらに、前日一緒に仕事をした人や、食事に連れて行ってもらった人などには、「昨日はありがとうございました」「昨日はお疲れ様でした」などと添えると、より好感をもたれます。

　外出するときは、「○○支店へ行ってまいります」などのように、行き先も告げて、周りの人に不在になることを知らせましょう。「○時には帰ります」と帰社時間も伝えておきます。

　帰ってきたら「ただ今戻りました」と帰社したことを知らせ、「留守中、何かありませんでしたか?」と聞きましょう。逆に、誰かが外出先から帰ってきたときには「お帰りなさい」「お疲れ様でした」と労いましょう。

会 議室、他部署に入るとき

「失礼いたします」「お邪魔いたします」の一言を添え、軽くお辞儀をしてから部屋に入りましょう。用件を伝えるときには、仕事の邪魔にならないよう、手が空くのを待つか、「今、少しよろしいでしょうか」と、相手の都合を聞いてから用件を切り出しましょう。退出するときも「失礼いたします」と言ってから部屋を出ます。

失礼いたします。

第1章

マナー編

第2章

業務編

第3章

知識編

お 礼の言葉・謝罪の言葉

　言うまでもなく、何かを教えてもらったり手伝ってもらったりしたときには、必ず相手の目を見て「ありがとうございます」と言いましょう。電話を取り次いでもらったり、メモを残してもらったりしたときにも一言添えましょう。注意されたときにも言ってください。にっこり微笑みながらきちんとお礼が言えるのも、一人前の大人のしるしです。

　仕事を頼まれたら、「はい、わかりました」「承知しました」「かしこまりました」と相手の目を見て笑顔で気持ちよく答えましょう。もしすぐに引き受けることができないときには「申し訳ありません。今、ほかの仕事で手が離せないのですが…」と、事情を説明します。

　また、ミスをしたり間違いを指摘されたりしたときは、言い訳をせずに、相手の目を見ながらはっきりと「申し訳ございません」「すみません」「失礼いたしました」と謝りましょう。その際にはもちろん頭を下げながら。もし自分にも正当な理由があれば、謝った後で、謙虚な態度で説明します。いずれにしても社会人になれば、自分のミスは自分の責任と心得、潔い謝り方を身につけておきましょう。

上 司、先輩や外部の人への礼儀

　行内で上司、先輩に会ったときは、会釈をして「お疲れ様です」の一言を。また、取引先の方やお客さまに廊下などで会ったときにも、「こんにちは」「いらっしゃいませ」と挨拶をしましょう。エレベータの中など、声を出すのがふさわしくない場合には、軽く会釈をするだけでもかまいません。また、エレベータの中や洗面所などに上司や先輩がいて、自分が先に出るときには、一言「失礼いたします」と言ってから出るようにしましょう。

　上司、先輩に話しかけるときは、相手が忙しくしているようでしたら、仕事が一段落するまで少し待ってから「今、よろしいでしょうか」と話しかけます。緊急の場合、すぐに話しかけなければいけないときには「お忙しいところ、すみません。急ぎの用ですので、少しお時間をいただけますか」と話しかけましょう。話が終わったら「失礼いたしました」の一言を忘れずに。

退 社するとき、退社を見送るとき

　自分の仕事が終わっていても、周囲に仕事をしている人がいるときには「何かお手伝いできることはありますか」と聞き、特にないと言われたら「お先に失礼いたします」と声をかけて退社します。逆に、ほかの人が退社するときには「お疲れ様でした」と相手の目を見て笑顔で挨拶を。

お先に失礼いたします。

❷ 役職の呼び方

役 職序列のルール

　ビジネスはチームワークです。そのためには、自分が所属する組織の構造をきちんと押さえておく必要があります。わからないことやトラブルがあったときに誰の判断を仰げばよいのか混乱し、仕事に支障をきたすおそれがあるからです。また、金融機関だけでなく、お客さまや取引先など一般企業の組織・役職を把握しておくことは、円滑な人間関係を築くことにつながります。まずは、一般的な日本企業の組織における役職を把握しておきましょう。

図表1-1　一般的な日本企業の役職

会　　長	一般的に取締役会の長。社長よりも上位の経営責任者です。
社　　長	一般的に会社のトップを意味します。代表取締役を社長と呼ぶ企業が多く、金融機関では頭取と呼ぶことが一般的です。
副社長	置かない企業もあります。金融機関では副頭取と呼ぶことが一般的です。
取締役	取締役会で、会社の経営に関する意思を決定します。役員とも呼びます。
専務・常務	常務以上を一般的に経営者層、経営陣と呼びます。
部　　長 次　　長 課　　長 係　　長	次長は部長の補佐を行います。また、部長を補佐する役割として「部長代理」「部長補佐」などの役職がある場合もあります。同じように課長を補佐する「課長代理」「課長補佐」もあります。
主　　任	係長の補佐を行います。
一般社員	新入社員や若手の社員です。

行 内の身内同士で話すとき

　学生時代には相手を名前やニックネームで呼ぶことがほとんどだったかもしれませんが、社会人になると、役職名を付けて呼ぶことに慣れなくてはなりません。しかも、行内で呼ぶときと行外の人に対して話すときでは、同じ人でも違う呼び方になります。

　行内の身内同士で話す場合は至ってシンプル。新入行職員にとって、同期以外は全員目上です。上司・先輩など相手を上に、自分を下にする原則を常に忘れずに。

　自分のことは、「わたくし」を使います。「おれ・ぼく・あたし」はもちろん使わないようにしましょう。「わたし」もできれば「わたくし」と言い換えたほうがよいでしょう。

　相手のことは、役職についている場合は「○○部長」などと役職名で呼びます。役職についていない場合は「○○さん」。プライベートでは呼び捨てやニックネームで呼んでいる同期も、行内では「さん」づけにしましょう。ただし、役職にかかわらず全員「○○さん」に統一している職場もあるので、その場合は職場のルールに従ってください。

外部の人と話すとき

　お客さまや取引先など、外部の人と話すときは少し複雑です。特に会話の中に自行の人間が登場するときには、その人がどんなに役職が上でも、自分と同列、つまり身内として扱います。最初は不自然さを感じるかもしれませんが、徐々に慣れていきましょう。

上司　自分

行内の場合

外部の人

上司　自分

外部の人と話す場合

ケース1　相手の呼び方

　相手のことは、役職についている場合、「佐藤部長」など、名前に役職名をつけるか、「営業部長の佐藤様」と、役職名の後に「名前＋様」でもかまいません。役職についていない場合、○○様・○○さんと呼びます。

ケース2　自行の人を呼ぶとき

　外部の人と話す場合、自行の人間のことは、役職にかかわらず「山田」「高橋」などと呼び捨てにします。役職名を言う必要があるときは「営業部長の山田」というように、名前の後に直接役職名をつけません。

ケース3　相手の会社の呼び方

　相手の会社のことは、御社・貴社・そちら様などと呼びます。お客さまのことは、名前がわかっているときは、「○○様」と呼びます。

ケース4　自行のこと

　自行のことは、弊行（弊金庫・弊組合）・当行（当金庫・当組合）・わたくしども・手前どもなどと言います。

ケース5　その場にいない他社の社名

　○○産業様・○○産業さんなど、敬称をつけてもかまいません。他社の人のことは、「A社の佐藤部長からご紹介をいただきました○○と申します」と、その場にいない他社の人にも敬称か役職名をつけましょう。

ケース6　相手の名前がわからないとき

　お客さま・こちら様・そちら様・（同行者は）お連れ様・皆様と呼び、「あなた・あなた達・そちら・おたく・おばあちゃん」などは使わないようにしましょう。

③ 社会人としてふさわしい言葉づかい

尊 敬語

　相手の動作などにつけて相手の位置を自分より高め、敬意を表す言葉です。基本形は、

・「～れる／られる」(例：読まれる、書かれる)

・「お～になる」(例：お読みになる、お書きになる)

・依頼の場合「お～ください」(例：お読みください、お書きください)

となります。ただし、次のように特別な尊敬語が存在する動詞は、こちらを使うようにしましょう。また、「専務がおっしゃられました」や「お客さまがお召し上がりになられる」など、敬語を重複させて使う二重敬語は誤りです。

　なお、上司に対して、別の上司の話をする際には、役職にかかわらず、どちらの上司にも尊敬語を使いましょう。

相手の位置を自分より高める

図表1-2　特別な尊敬語の例	
行く／来る／いる	いらっしゃる
来る	お越しになる／お見えになる
食べる／飲む	召し上がる
言う	おっしゃる
知っている	ご存じだ
見る	ご覧になる
する	なさる
くれる	くださる
寝る	お休みになる

※「特別な尊敬語」とは、その言葉自体が尊敬語となる言葉です。「いらっしゃられる」のような二重敬語には気をつけましょう。

謙 譲語

　自分の動作などにつけて自分の位置を相手より低めることで、相手への敬意を表す言葉です。基本形は、

・「お～する」(例：お書きする、お持ちする)

・動詞が"熟語＋する"の形の場合、「ご～する」(例：ご紹介する、ご案内する)

・「～ております」(例：席を外しております、ほかの電話に出ております)

です。ただし、尊敬語同様、特別な謙譲語がある場合は、そちらを使うようにしましょう。また、

行内では、上司や先輩に尊敬語を使いますが、お客さまや取引先など外部の人に対して話すときには、上司や先輩の言動であっても、謙譲語を使います。

相手

自分

自分の位置を相手より低める

図表1-3　特別な謙譲語の例

行く／来る	まいる
いる	おる
食べる／飲む／もらう	いただく
見る	拝見する
言う	申す
する	いたす
聞く／（相手の家や会社へ）行く	うかがう
知っている	存じている
知らない	存じない
会う	お目にかかる

※「特別な謙譲語」とは、その言葉自体が謙譲語となる言葉です。

丁 寧語など

丁寧語は、立場の上下に関係なく、表現を丁寧にすることで相手に敬意を表す言葉です。

基本的にビジネスの場面では「〜だ／である」ではなく「〜です／ます」を使います。また、「〜です／ます」をさらに丁寧にする際には「〜でございます」と言います。ただし、謙譲語的な要素を含むため、「今日はどのようなご用件でございますか」のように、相手に対しては使いません。

相手　**自分**

お手洗いはあちらです。

立場は関係なく表現を丁寧に

図表1-4　丁寧語の例

接頭語の「お／ご」	「お時間、ご家族、お忙しい」のように使うが、つけるとおかしい場合もある。外来語（コーヒー、コピーなど）、社会的な言葉や公共の施設（手帳、病院など）、動植物（犬、桜など）、色や形（赤、丸など）、「お／ご」で始まる言葉（踊り、合格など）などに「お／ご」は使わない。
"こそあど"言葉	こっち／これ→こちら　こう→このように　そっち／それ→そちら　あっち／あれ→あちら　どっち／どれ→どちら　どうしますか→いかがなさいますか／どのようになさいますか　などと言い換える。
その他	あとで→のちほど　いくら→いかほど　さっき→先ほど　ちょっと→少々／少し　それじゃ／じゃあ→それでは　すごく→まことに　今度→このたび　すぐ→まもなく／ただ今　などと言い換える。
	トイレ→お手洗い　うまい→おいしい　服→お召し物　などと言い換える。

④ 好印象を与える言葉

クッション言葉

　何かをお願いするときや、お断りをしなければならないとき、ストレートに用件だけを言うより、クッション言葉と呼ばれる前置きをすると、相手に気持ちの準備をしてもらうことができ、またソフトな印象を与えます。

ケース1 「失礼ですが」

　電話の応対などで「失礼ですが、どちら様でしょうか」などと、質問するときに使います。

ケース2 「恐れ入りますが」

　依頼をする際に「恐れ入りますが、しばらくお待ちいただけますか」などと使います。

ケース3 「お手数おかけしますが」「ご面倒をおかけしますが」

　相手に面倒なことをお願いしなければならないときに使います。

ケース4 「申し訳ございませんが」

　謝るときに前置きとして使います。「申し訳ございませんが、本日の業務は終了しております」など、相手に不利益になることも、クッション言葉で和らげます。

ケース5 「あいにくですが」

　相手に不利益になるとき、タイミングが悪かったときに使います。「あいにくですが、鈴木は席を外しております」「あいにくですが、期日が過ぎておりまして」などと使います。

ケース6 「差し支えなければ」

　何かを申し出たり、依頼をするときに使います。「差し支えなければ、ご用件を承りますが」「差し支えなければ、ご住所をお書きくださいますか」といった具合です。

ケース7 「お気持ちはありがたいのですが」「せっかくですが」「まことに恐縮ですが」

　相手から何かを提案されたり、申し出を受けた際、断らなければならないときなどに使います。

ビジネスシーンでよく使う慣用表現

ビジネスシーンでは、下記のような慣用表現を使います。これらを使いこなせるようになれば、周囲の人も、あなたを大人の社会人として認めてくれるようになるでしょう。

・かしこまりました／承知しました	・私の力足らずで
・私が承ります	・ご足労いただく
・わかりかねます／いたしかねます	・お供させていただきます
・お待たせしました	・いつもお心にかけていただきありがとうございます
・さようでございます	・行き届かないところがあり

使わないほうがよい言葉

○ 若者言葉

学生時代には使い慣れていても、ビジネスシーンで使ってしまうと一人前の大人に見えないうえ、相手に不信感を与えます。急にやめるといってもなかなか難しいので、普段からなるべく使わないように心がけておきましょう。

図表1-5 社会人としてふさわしくない言葉

若者特有のボキャブラリー	「超〜」「やばい」「〜とか」「〜っていうかー」「〜みたいなー」「むかつく」「マジで」「普通に…」男性の「〜っす」ほか、「パニクる」「事故る」等の造語
幼稚に見える言葉	・「忘れちゃった」など「〜ちゃう」「〜ちゃった」 ・相づちとしての「ふーん」「うん」
最近多い文法的に間違っている言葉	・「全然OKです」「違くて」 ・いわゆる"ら"抜き言葉(例：食べれる)"さ"入り言葉(例：私がやらさせていただきます)
略語	ゲーセン、むずい、ドタキャン、ワンチャン、バ先など

○ 不適切な言葉

そのほか、以下のような言葉も避けましょう。

・行内や業界だけで通用する言葉…お客さまなど外部の人には使わないようにしましょう。

・いわゆる"コンビニ敬語"…「お振込みでよろしかったでしょうか」「○○円からお預かりします」「こちら、資料のほうになります」などは、文法的に間違っています。「お振込みでよろしいですか」「○○円をお預かりします」「こちらが資料です」と、正しく言いましょう。

・「たぶん〜と思います」…ビジネスシーンでは推測でものを言ってはいけません。「確認してから後ほどご連絡します」などと、正確な情報を伝えましょう。

・「でも」…相手の言ったことにすぐに「でも」と答えると反論をしているように聞こえます。「そうですね。ただ…」といったん相手の言葉を受け止めてから、意見を言うようにしましょう。

3 仕事（職場）のルール

組織においては、一人ひとりが明確な役割を担っています。目的達成のために効率的な仕事をするには、仕事（職場）のルールを守りつつ、全体を見渡して自主的に動くことが大切です。同時に、お客さまやともに働く人への配慮も必要です。

❶ 始業準備・終業時

始業時間は準備完了時間

1日の仕事を効率的に進めるためには、余裕をもった出勤を心がけましょう。

金融機関は原則9時に開店し、お客さまをお迎えします。さまざまな準備のため、先輩は定刻よりも早い時間に出勤しているかもしれません。まずは職場の先輩方に合わせましょう。

出勤したら、早速準備にとりかかります。ただし、最初のうちは何から手をつければよいのか、わからないかもしれません。そのようなときは、「何かできることはありませんか」と自発的に質問し、できることを1つひとつ増やしていきましょう。

1日の仕事をシミュレーション

始業前にどのような準備が必要かは、1日の予定を確認し、自身の行動をシミュレーションすることで見えてきます。今日やるべき自分の任務を洗い出しましょう。

業務担当者（来店したお客さまに応対する担当者と後方担当者も含む）は、接客という視点からの準備も必要です。お客さまへの応対を感じよく、スムーズに行うためには何が必要かを考えましょう。たとえば、お客さまの視点で、入り口から店内を見回したときに気になるところがないかを確認します。帳票類（お客さまが記入する振込依頼書や口座開設申込書など）は切れていないか、ATMの通帳やカード挿入口に汚れはないかなど、細かいところまでチェックしましょう。

始業前にもう1つ忘れてならないのは、経済・金融に関する情報収集です。新聞やインターネットでその日のニュースを確認するとともに、金利や各種指標などの最新情報を、自分が利用しやすい形でとっておくとよいでしょう。こうした毎朝の情報収集の積み重ねが、数年後、大きな知識の差となって現れてくるはずです。

応対準備のチェック

- ☐ 清掃が行き届いている(店外・ガラス・ATM周辺・ロビー)
- ☐ 清潔になっている(番号札・カルトン(現金などの受け渡し時に使う受け皿)など)
- ☐ 十分に揃っている(帳票類・封筒・パンフレット類など)
- ☐ 整理整頓されている(帳票類・封筒・パンフレット・雑誌類など)
- ☐ 使用期限が守られている(ポスター・パンフレット類など)
- ☐ 見やすい状態になっている(ポスター・モニターなど)
- ☐ 使いやすい状態になっている(ボールペン・朱肉・スタンプ代など)
- ☐ 水準をチェックした(各種金利・指標など)
- ☐ すぐに取り出せる(帳票類・パンフレット類・PR用品・頒布品など)

遅刻の場合

　社会人にとって遅刻が厳禁なことはいうまでもありませんが、やむを得ない事情で万一遅刻してしまうことになったら、直ちに上司に連絡します。「遅刻してしまうかもしれない」という時点で、事前に電話をいれておくのがマナーです。そのときには、簡潔に理由を伝え、素直に謝りましょう。必要であれば上司の指示に従います。間違ってもメールだけで連絡をすませることのないようにしてください。

終業時

　1日の仕事の締めくくりには、使用した備品などを元の場所に戻し、その日扱った書類は決められた場所に保管します。お客さまの情報となるものが、鍵のかからない場所に置かれることのないように気をつけましょう。また、自分の印鑑やオペレーターキー・カード(端末操作の際に必要となるもの)などは、ルールに従い、取り扱いには十分注意してください。

　業務を終了したら、最後にごみを捨てます。その際、機密情報や個人情報などは、必ずシュレッダーにかけることを忘れずに。

　自分の仕事が片づいたら、周囲に「何か手伝うことはありませんか」などの声かけをします。仕事はチームワーク。自分にできることがあれば積極的に手伝いましょう。くれぐれも、定刻前から一人だけ帰り支度をすることのないようにしましょう。

② 仕事の進め方

役割確認

どのような組織も、共通の目的を遂行するために存在します。そのため、まずは自分が勤める「金融機関の目的」は何か、その中で自分が所属する「部署の役割」は何か、さらにその中で「自分自身はどういう使命を与えられているのか」を確認することが大切です。

金融機関は、「資金決済機能」と「金融仲介機能」という社会的な役割を担っており、金融機関で働く者はその一翼を担い、リレーすることで任務を果たしています。リレーに関わるどの役割が欠けても、十分な機能を果たせません。

プロの自覚をもつ

一方、企業は利益を上げなければ成り立ちません。金融機関にとっての主な収益は、融資の利子と手数料です。融資をするためには、資源となる預金の獲得も必要になります。窓口や渉外の担当者がお客さまに積極的に声をかけ、ニーズを聞き出したり商品をご案内したりするのは、収益を上げるという全組織共通の目標を達成するためにほかなりません。そのためには、自身のコミュニケーション能力を高めたり、経済や金融知識をつけたりするなど、プロとしての自分磨きをすることも必要になってくるでしょう。

また、新入行職員であろうとベテラン行職員であろうと、すべての人に共通するのが、「金融機関の顔」としての役割です。そこで働く人の印象が、金融機関全体の印象になるという自覚を忘れないようにしましょう。

仕事の優先順位づけ

仕事には期限があり、また、常に複数の任務が平行して動いています。限られた時間の中で、高い生産性を上げるには、それぞれの任務の優先順位のつけ方がポイントになります。期限が迫っているものほど、また重要度が高いものほど、優先順位は高くなります。また、重要度・緊急度が同じであれば、一般的には行内より行外と関わるものを優先させることになります。

P・D・C・Aサイクル

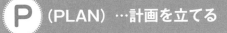

　勤務時間は限られていますから、その時間内に効率よく仕事を進めたいものです。そのためには仕事の全体の流れを把握し、優先順位を決め、段取りよく進めていく必要があります。その際、P（PLAN）・D（DO）・C（CHECK）・A（ACTION）サイクルをたどるのが有効です。

第1章　マナー編　第2章　業務編　第3章　知識編

P（PLAN）…計画を立てる

　計画を立てる前に目標を明確化します。まずは、自行の経営理念や経営方針などを確認しましょう。そして、それを実現させるために掲げられた支店目標を確認し、自分自身の目標を明確にします。
　目標を立てたら、それを行動に移すための計画を立てます。計画は期限や項目を定め、具体的な行動が起こせるところまで細分化するとよいでしょう。

A（ACTION）…改善する

　評価をもとに改善計画を立てます。良かった点はさらに伸ばし、意識して行動することでいっそう強化することができるでしょう。改善すべき点は、具体的にどのようなことをすればよくなるかを考え、次の行動計画に反映させ、ステップアップしていきます。

D（DO）…実行する

　せっかく計画を立てても、それを実行しなければ意味がありません。計画に沿って、必要な行動を展開しましょう。その際、上司や先輩のやり方を観察し、優れたところは積極的に真似しましょう。小さな行動の積み重ねが、習慣となり実力となっていくはずです。

C（CHECK）…評価する

　定期的に行動を振り返ります。行動は計画どおり行われたか、計画そのものが適切であったかなど、細かく点検を行います。自分自身の評価だけでなく、周囲の人からも積極的にフィードバックをもらうとよいでしょう。

❸ ホウ・レン・ソウ

ビジネスの基本となるホウ・レン・ソウ

　組織やチームで仕事をするうえでは、お互いの情報交換が不可欠です。必要な情報が正しく伝わらなければ、間違った判断をすることにもなりかねません。そこで必要となるのが、ホウ・レン・ソウ＝報告・連絡・相談です。これはビジネスの基本中の基本です。新入行職員の間は、特に意識して実践しましょう。

報告

　報告は、上司や先輩から指示されたことなどに対して、結果や経過を伝えることです。タイミングとしてまず挙げられるのは、指示されたことが終わったときですが、業務が計画どおりに運ばないときや長期に渡る場合も、適宜、進捗状況を報告します。自分では上司の指示に従って仕事をしているつもりでも、間違った方向性に進んでいたり、効率的な方法で処理できていない可能性があるからです。小まめに報告を行うことで、上司や先輩からきめ細かくチェックしてもらえ、修正や調整を図ることができるでしょう。

　報告のタイミングとして忘れてはならないのが、問題が生じたとき。ミスをしたり緊急事態が起こったりしたときは普段の報告とは違い、言いにくいかもしれません。しかし、このようなときこそ、次の対処のために報告が欠かせないのです。本来できるはずの対応が、速やかな報告を怠ったがために間に合わなかったということにもなりかねません。「報告は義務」という認識をもつことが大切です。

連絡

　連絡は、同じ仕事に関わる人に対して、今後の予定や計画の変更点など、お互いの共通認識が必要な情報を伝えることです。些細なことでもまめに連絡することがポイントです。日程や数量などは口頭で伝えるだけでなく、メモやメールなど後に残る形で伝えたほうがトラブルになりにくいでしょう。

　連絡のタイミングは、できるだけ早く行うことです。緊急の際は、電話でも一報を入れましょう。ついうっかり起こしてしまうミスを避けるよう、自己管理の方法を工夫することも大切です。

相談

　相談は、自分で決められないことや不安があるときなどに、自分の状況や気持ちを伝えてアドバイスをもらうことです。悩みは一人で抱え込まずに、早めに相談するようにしましょう。人に話すことによって、自分の気持ちや考えが整理できますし、客観的な目線で見たアドバイスやヒントをもらえるかもしれません。相談した相手には、感謝の気持ちを伝え、その後どうしたのか、相談の結果を報告するのが礼儀です。

ホウ・レン・ソウの仕方のポイント

　相手の状況を観察し、迷惑にならないタイミングで話しかけたいものです。「○○のことを報告(相談)したいのですが、今、お時間よろしいでしょうか?」と聞いてみるのもよいでしょう。

　口頭で行う場合には、まず結論を簡潔に伝えます。そして、次に伝える内容(理由・経過・結果など)を整理し、大きな項目から小さな項目へと、順番に話していきます。話し言葉は耳から入ってくる順番に受け取られるので、話の全体像が把握しやすくなるのです。こうすることにより、報告を受ける立場の人は、緊急度・重要度を判断しやすくなり、その状況に合わせた対応が可能となります。

　このとき、事実と意見をはっきりと区別して伝えることも重要です。まずは事実を整理して伝え、自分の意見や感想、他人から聞いたことなどは、それとわかるようにきっちり分けて伝えましょう。内容によっては、口頭だけでなく、文書を用意します。

要点を押さえる5W3H

　ビジネス上のコミュニケーションでは、ダラダラと意図がわかりにくい説明は嫌われます。常に、次の5W3Hで、要点を整理するように心がけましょう。ホウ・レン・ソウを実践するうえでも役立ちます。

ポイント1　5Wとは

- When …… いつ(期限)
- Where …… どこで(場所)
- Who ……… 誰が(担当)
- What …… 何を(目的)
- Why ……… なぜ(理由)

ポイント2　3Hとは

- How ………… どのように(方法)
- How much … いくら(金額)
- How many … いくつ(数量)

④ 会議や打ち合わせ

会議の主催と準備

　会議には、朝礼や部門会、営業会議、企画会議など、さまざまな種類がありますが、その目的は、「情報伝達」と「問題解決」です。新入行職員のうちは、会場の準備をお願いされることが多いでしょう。そのときには、会議室や参加者の人数に合わせて、椅子や机の設営をします。会議の進め方によって設営の仕方は異なります。スクール形式で行うのか対面形式にするのかなど、上司や先輩に確認しましょう。飲み物を提供する場合は、その準備も必要です。

　会議が終了したら、椅子や机を元の位置に戻します。次の人が気持ちよく使えるようにしておく配慮も忘れずにしましょう。

参加する際の事前準備と参加の心構え

　会議に参加する場合も、一定の準備や心構えが必要です。まずは、会議の目的を確認しましょう。あらかじめ資料が配られている場合には、資料に目を通しておくことも必要です。また、開始時刻の5分前までには着席できるように、日常の業務を計画的に進めましょう。

　会議中は進行役、もしくは発言者が話をしているときには、その人のほうを向いてしっかり聞きましょう。会議で意見を求められることもあるかもしれません。新入行職員の立場では、発言しにくいこともあるかもしれませんが、上司は新鮮な感覚を求めているので、前向きに発言しましょう。

　会議は改善を創る場でもあります。意見が異なる場合には、相手を批判するのではなく、どうしたらよくなるのか、具体的な行動について提案します。感情的な発言は控え、自分の言ったことには責任を持ちましょう。

オンライン会議の注意点

　オンライン形式での会議が増えています。目線が下がらないようにカメラの位置を調整し、名前の表示の仕方に決まりがある場合は変更しておきましょう。開始前の音声チェックも忘れずに。会議中は自分が発言しない時にはミュートにしておきます。大きく頷いたり、ジェスチャーしたりすることでしっかり聴いていることを表現するとよいでしょう。発言する場合は文章を短くまとめ、終わったら「以上です」等の言葉で締めくくります。

❺ 休暇の取り方

計画的に休暇を取る

　休暇は誰にとっても大切なものです。ただし、社会人になったら自分だけの都合で休暇を取ることはできません。なぜなら職場では一人ひとりが役割を担って、組織で動いているからです。皆が公平に気持ちよく休暇が取れるような配慮が必要です。そのためには、まずは仕事の段取りを考え、業務に支障をきたさないように休暇の取得計画を立てることが大切になります。

　周囲の人との調整ができ了解をとることができたら、早めに上司に届け出をしましょう。休暇を取るときに注意しなければならないのは、繁忙日と重ならないようにすることです。日程が決まったら、自分がいなくても周囲が困ることがないように準備をします。メモなどにまとめて、確実に相手に伝わるようにします。特に、お客さまにご迷惑がかからないように注意しましょう。

　また、休暇中といえども、誰が見ているかわかりません。羽目をはずしすぎず、金融機関に勤めている人間であることの自覚をもって行動しましょう。

　さらに取得後は、休みをもらったことに対し、「お休みをいただきまして、ありがとうございました」といった感謝の言葉を周囲の人に伝えましょう。有給休暇は当然の権利だと思うかもしれませんが、不在中の仕事を周囲の人たちがフォローしてくれたからこそ、無事休暇を取れたことを忘れないでおきましょう。

やむを得ない場合の休暇の取り方

　病気やけが、身内の不幸などで、やむを得ず休みが必要になる場合があります。このような場合は仕事に行けないとわかった時点で、できるだけ早く職場に連絡するようにしてください。欠勤の理由を簡潔に伝え、周囲に迷惑をかけることへの詫びの言葉を添えたいものです。また、このとき、緊急で処理すべき事項に関して、引き継ぎもあわせて行いましょう。

　電話もできないような重い症状なら仕方がありませんが、基本的には、自分で連絡をするようにしましょう。

COLUMN 休暇取得のもう１つの意味

　金融機関の休暇というのは、福利厚生のためだけにあるものではありません。実はもう１つ重要な意味があるのです。それは、休暇中にほかの人が業務をすることによって、不正なことを行っていないか、正確な処理を行っているかなど、他人の目から確認するという目的もあります。他者の視点を入れ、お互いが確認し合うことによって、ルールに則った業務が厳格に遂行できるというわけです。

❻ 禁止事項あれこれ

 私の区別

○ **社有物を私物化しない**

「会社の所有物」と「個人の所有物」をはっきり区別する必要があります。会社には、ボールペン・消しゴム・クリアファイルといった事務用品から、お客さまに渡す贈答品まで揃っていることでしょう。それらはすべて、業務のなかで使うために準備されたものであり、コストがかかっています。社会人となったからには、コスト意識を強く持ち、たとえボールペン1本たりとも、自分のものとして持ち出すことのないようにしましょう。

○ **通信手段も社有物**

電話やメール、ファクス、郵便といった通信手段についても、私用で使用してはいけません。さらに、これらを勤務時間中に使用することは、業務を怠たり、時間を無駄にしていることでもあり、二重の違反をしていることになるのです。業務中にインターネットなどで、個人的な調べ物をしたり、SNSの閲覧や投稿をしたりするのも同様です。

行外にいるときは、行内の目がないぶん、うっかり会社の携帯電話で私用電話をしてしまいそうです。周囲からわかりにくいときほど、よりいっそうの自覚が必要です。

金融機関で働く人のお金の使い方

欲しいものを欲しいだけ購入していたら、いくらお金があっても足りなくなってしまいます。社会人になると、クレジットカードやキャッシングなどの利用も、自分の判断でできるようになりますが、これらはお金を使った感覚が少なく、計画的に利用しなければ、あとあと支払いが難しくなることもあり得ます。

金融機関で働く人たちは、お金に関するコンサルタントとしての役割を担います。そのコンサルタント自身のお金の使い方が無計画であるようでは、プロとして説得力がありませんし、何よりお客さまから信用を得ることは難しいでしょう。金融機関で働く者として、キャッシングの多用、クレジットカードの延滞など

は、あってはならないことです。

新入行職員のみなさんは、初めて手にする給与や賞与に喜びを感じる（感じている）ことと思います。

そのお金を有効に使うためにも、長期的なライフプランを立て、それに即した、お金の貯め方、使い方を実践してほしいものです。

禁 止事項

　お客さまの信頼を失わないために、金融機関ではいくつかの禁止事項が決められています。組織の一員という自覚をもち、禁止事項を行わないように気をつけましょう。

注意点 1　印鑑・オペレーターキー（カード）などを貸し借りしてはいけない

　印鑑やオペレーターキー・カード（端末操作の際に必要になるもの）などは、業務の責任の所在を示すものです。他人のものを使用してはいけません。また、自分自身のものについても、携帯するもしくは鍵のかかる場所に保管するなどして、ほかの人に使われることのないように注意してください。これは、自分自身を守るためにも大切なことです。

　ルールは、事故やトラブルが起こらないようにするために定められています。自分の判断で行動せず、決められたことは必ず守りましょう。

注意点 2　お客さまの情報をもらしてはいけない

　金融機関で働く者には、厳格な「守秘義務」があります。お客さまについて知り得た情報は、些細なことでも行外で話すことのないよう気をつけてください。たとえ、お客さま同士が知り合いや家族である場合でも、本人の許可なく情報をもらすことは厳禁です。

　また、個人が特定できなくとも、仲間うちであったとしても、お客さまに関する内容をSNSなどに投稿するのはもってのほかです。

　行内での話も、ほかのお客さまに聞こえないよう配慮が必要です。お客さまの噂話などは、いかなる時も控えなければなりません。

注意点 3　情報をむやみに持ち出してはいけない

　お客さまの情報が記載されている書類等の扱いにも、十分注意を払ってください。最近では、紙ベースの資料だけでなく、記録メディアでの情報も多くあります。これらの情報やファイルは、原則行外への持ち出しは禁止されています。

　セキュリティが万全でないパソコンを使用したことによって顧客情報が漏えいしたり、ファイルを置き忘れて紛失したりといったことがあれば、お客さまに損害を与えることも考えられます。ともすれば、損害賠償問題に発展することもあり得るのです。やむを得ず持ち出すような場合には、あらかじめ上司の許可をとり、パスワードを設定するなど、厳重な注意が必要でしょう。

注意点 4　副業の禁止に要注意

　ほとんどの金融機関では、ほかの企業で社員やアルバイトとして働くことや、インターネットを利用した在宅ワークなどの副業は原則禁止とされています。労働者の安全配慮・労働時間管理のほか、本業への影響、情報漏えい等の懸念等の問題もあるためです。

　一方で、国により多様な働き方が推奨されるなか、一部の金融機関では副業解禁の動きもみられています。しかし、その場合でも申請が必要なことや情報管理義務、競業避止義務、利益相反行為禁止など、所定のルールに沿うことが求められており、十分な注意が必要です。

4 電話

携帯電話やスマートフォンが普及し、電話を取り次ぐ・取り次がれるマナーに苦手意識を持つ方も少なくないようです。ケーススタディを声に出して読みイメージトレーニングすることで、電話が鳴ったら速やかに自信を持って対応できる新人ビジネスパーソンになってください。

① 電話の受け方・取り次ぎ方

電話の受け方のポイント

ポイント1 コールは3回以内に

呼び出し音3回以内に出るのがマナーです。3回以上鳴ってしまった場合には、まず「お待たせしました」と伝えましょう。

なお、電話の内容をすぐに書き留められるよう、利き手ではないほうの手で受話器を持つ癖をつけると便利です。

ポイント2 目の前に相手がいるつもりで明るくハキハキと！

相手からすれば、電話に出た人が「金融機関の顔」となります。組織の代表であるという意識をもって、適切な敬語や明るい声のトーンで好印象を与えられるよう対応しましょう。

ポイント3 会話を始める前に、必ず挨拶！

行外の人からの場合、「いつもお世話になっております」「おはようございます」などの挨拶を行います。行内の人からの場合には、午前中なら「おはようございます」、午後なら「お疲れ様です」などと挨拶をしてから、用件に入ります。

ポイント4 失礼なく聞き直す

相手の声が聞き取りにくい場合は、「恐れ入りますが、もう一度お願いします」「お電話が遠いようですが…」など、失礼のないように聞き直します。もし、相手が名乗らないようであれば、「失礼ですが」「恐れ入りますが」と言いながら、丁寧に名前を確認します。

ポイント5 守秘義務や個人情報保護の観点を忘れずに

口座情報など、お客さまからの取引に関する問い合わせには所属する金融機関の規定に従って対応しましょう。

ポイント6 電話の切り方

電話を切る際には、「では、これで失礼します」や「では、よろしくお願いいたします」という言葉で締めくくりましょう。電話を切る際には、かけた側が先に切るのが基本です。受話器は静かに置きましょう。

お　待たせする場合の配慮（取り次ぎ方のポイント1）

「たらい回し」「不確かな返答」は、お客さまからの印象を著しく損ないます。最初にどのような用件であるかを確実に把握し、取り次ぎが完了するまで気を配りましょう。

取り次いで保留ボタンを押したにもかかわらず、しばらく時間がかかりそうな場合には、「**お待たせしておりまして申し訳ございません。もうしばらくお待ちいただけますか**」と、途中でお詫びの言葉を挟みます。また、こちらからかけ直すことを提案したり、何分くらいかかりそうかの目安を伝えたりするのもよいでしょう。「少々お待ちください」と言ったまま、相手を延々と待たせることがないように、くれぐれも注意してください。

担　当者不在時の対応（取り次ぎ方のポイント2）

担当者がすぐに出られない、あるいは不在のときは、「**いかがいたしましょうか**」と相手の意向を確認しましょう。一般的には次のような提案をします。また、こちらからかけ直す場合には、念のため相手の電話番号や都合を確認しましょう。最後に「**後藤が承りました**」と、自分の名前を名乗ると、さらに丁寧な印象です。

・「あいにく中村はほかの電話に出ております。終わり次第、折り返しこちらからお電話させましょうか?」
・「申し訳ございません、中村はただいま席をはずしております。すぐ戻りますので少々お待ちいただけますか?　それともこちらからかけ直させましょうか?」
・「あいにく中村は外出しております。2時ごろには戻る予定ですが、よろしければ私後藤がご用件をお伺いして伝言しますが、いかがでしょうか?」

臨　機応変な対応（取り次ぎ方のポイント3）

急用の場合は、担当者以外が代行できないか、緊急の旨を外出先の担当者に伝える方法はないかなど、臨機応変な対応が求められます。たとえば「**私、中村の部下の後藤と申します。よろしければお話を伺いましょうか?**」と対応したり、いったん電話を切って、担当者に外出先から連絡をしてもらうよう調整しましょう。連絡がとれなかった際には、「**本人と連絡がとれ次第、お電話いたします**」など、誠実に対応します。

② 電話のかけ方

事 前準備

電話をかける際は、受け手の都合（時間や場所など）を考慮することができません。

そのため、用件はできるだけ短く、わかりやすく伝えることが大切です。まず電話をする前に、内容を整理しておきましょう。そもそも、その用件が本当に電話で済ませてよい内容なのかという判断も必要です。相手に何かお願いをする内容であれば直接会ったほうがよい場合もありますし、複雑な内容を伝えたいときにはメールやファクスのほうが適切な場合もあります。また、電話が長くなりそうな場合は、あらかじめ相手の都合を確認することも必要です。

ポイント1 電話を避ける時間帯

電話をかけることを避けたほうがよい時間帯は、始業直後や昼休み、終業時刻直前です。特に朝は朝礼やミーティングを行っている可能性もあります。原則、就業時間内に電話をするようにしますが、やむを得ずそれ以降に電話をする場合には、「遅い時間に申し訳ありませんが……」など、必ず失礼をお詫びします。

ポイント2 タイミングを考慮する

しばしばやり取りをするお客さまであれば、先方の1日のスケジュールをさりげなく把握し、相手の都合がよさそうな時間帯を選んで電話します。

ポイント4 必要なものを手元におく

メモや筆記用具は手元に、関連する資料もすぐに開けるよう準備します。そのほか、相手の名前や役職を確認できるもの（名刺等）、カレンダーや手帳もそろえておくと便利です。

ポイント3 用件を整理する

手短に確実に用件を伝えられるよう、ポイントをメモにまとめましょう。たとえば「○○の件で3点ほど確認したいことがございます。ただ今、お時間よろしいでしょうか？」「3点ほどお尋ねしたいことがございまして10分ほどお時間をいただきたいのですが、よろしいでしょうか？」などと伝えられるよう準備しておくと安心です。

電話のかけ方のポイント

ポイント1 名乗りプラス一言

「私、▽▽銀行の後藤と申します。お世話になります」など、まずは電話をかけたほうが名乗り、一言挨拶をします。最近取引をした方であれば「先日はありがとうございました」、相手の状況を確かめるため「ただいまお時間よろしいですか」など、何か一言加えることで、電話特有の一方的な雰囲気を和らげることができます。

ポイント2 相手が不在の場合

「失礼ですが、何時頃お戻りになりますでしょうか?」など、原則として、相手が席に戻る時間を確認し、こちらから再度かけ直します。状況に応じて、伝言をお願いしたり、先方に折り返し電話をいただけるよう、お願いすることもできます。

その場合には「○○していただけませんか?」という依頼文で伝えます。

ポイント3 確実に伝える工夫

伝言を依頼する場合には、内容を簡潔に伝えたのち、応対者の名前を確認します。名乗っていただけないようであれば、「恐れ入りますが、お名前を教えていただけますか?」と尋ね、伝達経路を把握しておきます。

ポイント4 留守番電話にメッセージを残す場合

社名→名前→用件(必要に応じて電話番号も)→挨拶の流れです。たとえば「△△銀行の後藤です。恐れ入りますが戻られましたらご連絡をいただけますでしょうか。電話番号は○○です、よろしくお願いいたします」

緊急度に応じた言葉の使い分け

電話をかけたものの相手が不在の場合、どのように電話を終わらせるかを瞬時に判断しなくてはなりません。用件の緊急度と連絡がとれそうなタイミングを考えて、以下のように対応しましょう。

緊急度		
高	担当者にしか対応できない場合	急ぎで確認したいことがありますので、お手数ですが○○様に連絡をとっていただくことは可能ですか?
	急ぎの用件で、担当者以外にも対応できる可能性がある場合	4月20日の融資の件ですが、ほかにおわかりになる方はいらっしゃいますか。
	先方が不在がちで、なかなか連絡がとれない場合	お手数ですが、戻られましたらお電話をいただけますよう、お伝えくださいますでしょうか。
	振り込みが完了したなど、事務的な連絡の場合	・伝言をお願いします。 ・おことづけをお願いしてもよろしいでしょうか。
低	時間に余裕がある場合	それでは、そのころに改めてご連絡いたします。

携帯電話の注意点

金融機関によっては、携帯電話を支給されるケースがあります。当然のことながら、支給された携帯電話で私用電話をすることがないよう、公私の区別をしっかりつけましょう。

○ 外出時

どこからでもかけられる携帯電話ですが、仕事に使うとなると制約条件がさまざま出てきます。理想は、公園など、電波状況が良く静かなエリア、他人に会話の内容を聞かれるリスクの少ない場所、加えてメモがとりやすい落ち着いた空間です。

自転車や自動車を運転しながらの電話はもちろんいけません。電車やバスの中での通話も、原則的に禁止されています。新幹線などは、デッキで話すことは認められています。

○ 電源をオフにすべき状況

打合せや接客中に電話が鳴るのは、相手に対して失礼な行為にあたります。マナーモードにするのはもちろん、大切な商談、会議、研修などでは、原則として電源をオフにしましょう。もしうっかり着信させてしまった場合も、基本的には目の前の相手を優先すべきです。

○ 携帯電話を受ける場合

携帯電話であっても、会社の電話同様「はい、○○銀行の後藤です」と自分の所属と名前を名乗って出ます。また、騒がしい場所など都合の悪いときにかかってきた場合には、「**申し訳ありません。ただいま移動中ですので、後ほどこちらからかけ直ししてもよろしいですか？あと20分後くらいになります。**」などと断って、かけ直しましょう。

○ 携帯電話にかける場合

一般的な電話同様、まず相手の状況を確認しましょう。できれば単純な情報伝達や確認のために使用し、複雑な話題は避けましょう。また、携帯電話に電話するよう依頼されている場合を除き、原則として職場(固定)の電話にかけるようにしたほうが無難です。

One Point manner 電話対応時の注意事項

NG 1 しながら電話	NG 2 前かがみの姿勢	NG 3 無表情の会話
パソコンの操作をしながら、コーヒーなどを飲みながら、では相手の話に集中できません。	机に向かって座っていると、ついつい前かがみになります。この姿勢から明るい声は出せません。反っくり返ったり、足を組んだりも避けましょう。	表情によって、声にニュアンスを加えることが可能です。笑顔、真剣な表情など、目の前に相手がいると思って対応しましょう。

③ 伝言メモの活用

伝言メモの書き方

　担当者不在などで電話を取り次げなかった場合に、便利なものが伝言メモです。タイミングよく、口頭で伝言を伝えられるとはかぎりませんし、伝え漏れを防ぐこともできます。

　また、会議中の上司に伝言する際にもメモが便利です。

Check 01　WHO（誰から）

　誰から誰に対して電話があって、誰が電話を受けたのか、3つの名前が必要です。折り返し電話をすることになった場合は、可能なかぎり電話番号を伺いましょう。ただし、しばしば取引のあるお客さまに対しては、電話番号を伺うこと自体が失礼にとられる場合がありますので注意が必要です。

Check 02　WHEN（日時）

　何日の何時に電話を受けたのかを記載します。その時間によって、どのように対応すればよいのかの判断がつきやすくなります。

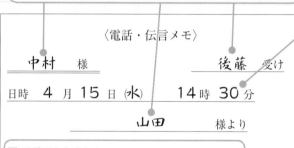

〈電話・伝言メモ〉

中村　　様　　　　　　　　後藤　受け

日時　4 月 15 日（水）　　14 時 30 分

　　　　　　山田　　　　様より

☐ 電話がありました
☑ 折り返し電話をください
（連絡先　　01-234-5678　　　　　）
☐ またお電話します
（　　　日　　時　　　分ごろ）
☐ ご用件は以下の通りです。

急ぎではないご様子でした。

ポイント 1　1件につき1枚

　1枚の伝言メモに複数の伝言を書くと、混乱のもとになるので避けましょう。

ポイント 2　やりっぱなしにしない

　席に戻ったときに、すぐにわかるところに置き（貼り）ましょう。また、タイミングがあえば、口頭でもメモを残した旨を伝えるとより確実です。

ポイント 3　様子を伝える

　電話の様子から、緊急なのか重要なのか、余裕がありそうかなど、わかる範囲で記載しておくと、それをもとにした対応が可能になります。

Check 03　WHAT（何を）

　何をどのようにしてもらいたいのかを簡潔に書きます。「いつ」「どこで」「誰が」「何を」「どうしたいのか」を読みやすい字で書きましょう。

④ ケーススタディ

　電話を受ける、取り次ぐ、かける…。それぞれの立場になったつもりで、イメージトレーニングをしてみましょう。

名 指し人が在席している場合

A：受け手・取り次ぎ人、**B**：かけ手、**C**：名指し人（取り次いでほしいと指名をされた人）

☎ 電話の呼び出し音が鳴る

A	はい（おはようございます）、○○銀行□□課の後藤でございます。いつもご利用ありがとうございます。	速やかに受話器を取ります。呼び出し音3回以上お待たせした場合は「お待たせいたしました」、呼び出し音5回以上の場合は「大変お待たせいたしました」とお詫びしましょう。
B	（おはようございます）、私、▽▽会社の山田と申します。いつもお世話になっております。	自分の会社と名前をはっきりと伝えます。
A	（▽▽会社の山田さまですね）、いつもお世話になっております。	メモを取りながら伺い、名前を聞き取れないときは、「恐れ入りますが、少々お電話が遠いようでございます」と、確認します。しばしば電話をくださるお客さまに対しては、かえって他人行儀に聞こえるため、あえて会社名や名前を確認しません。
B	××課の課長の中村様はいらっしゃいますか？	相手の部署や役職・名前をはっきりと伝えます。
A	××課の中村でございますね。（かしこまりました）、少々、お待ちいただけますでしょうか。【保留ボタン】	相手の名前を確認し丁寧に返答をしながら、担当者が電話を受けられる状態にあるかを確認、保留ボタンを押します。
A	中村さん、（▽▽会社の）山田様からお電話です。	職場のルールに合わせて、「中村課長」「課長」「中村さん」と呼びます。受話器を手でふさぐのではなく、必ず保留ボタンを使いましょう。
C	お待たせしました。中村でございます。	このほか、「お電話代わりました。中村でございます」という伝え方もあります。
B	私、▽▽会社の山田です。お世話になります。	名指し人に対して、再び名乗ります。

名 指し人が不在で、折り返し電話をしてもらう場合

A：受け手・取り次ぎ人、**B**：かけ手

☎ 電話の呼び出し音が鳴る

A	はい、○○銀行の□□課の後藤でございます。	速やかに受話器を取ります。
B	私、▽▽会社の山田と申します。遅い時間に失礼いたします。	終業時間をすぎて電話をした場合には、失礼をお詫びします。
A	いつもお世話になっております。	メモを取りながら伺います。
B	恐れ入りますが、中村課長をお願いいたします。	相手の部署や役職・名前をはっきりと伝えます。
A	課長の中村でございますね、少々お待ちいただけますでしょうか。【保留ボタン】	保留時間は15秒くらいにとどめるようにしましょう。
A	お待たせいたしました。あいにく中村は帰宅いたしました。明朝10時ごろには在席している予定ですが、いかがいたしましょうか。	不在の理由については、職場のルールに従ってください。状況に応じて「お休みをいただいております」「立ち寄りがあります」などがありますが、詳細に触れる必要はありません。たとえば名指し人が出張中に他社から電話が入った際、出張先を告げることは控えます。もちろん誠意をもって「連絡が入りますので、ご用件を申し伝えましょうか」といった対応を心がけます。
B	それでは、恐れ入りますが、明日出社されましたら▽▽会社の山田までお電話をいただけますようお伝えください。	通常、戻り時間がわかる場合にはかけ手がかけ直すのがマナーですが、左記のようなケースもあり得ます。
A	かしこまりました。▽▽会社の山田様ですね。それでは、恐れ入りますが、ご連絡先を伺ってもよろしいでしょうか？	相手の社名、担当者名を復唱します。
B	01-234-5678です。	→4は「よん」、7は「なな」と読むと聞き間違いを防止できます。
A	復唱させていただきます。01-234-5678の山田様でいらっしゃいますね。明日お電話を差し上げるよう、中村に申し伝えます。私は□□課の後藤と申します。	電話番号も必ず復唱し、最後に自分の所属と名前を伝えます。
B	それでは、どうぞよろしくお願いいたします。	最後に、必ずその電話で取り決めたことを確認し、「よろしくお願いいたします」「失礼いたします」など軽く挨拶をしてから丁寧に切ります。
A	失礼いたします。	

名指し人が会議中で、代わりに用件を承る場合

A：受け手・取り次ぎ人、**B**：かけ手

☎ 電話の呼び出し音が鳴る

A	はい、○○銀行□□課の後藤でございます。	速やかに受話器を取ります。
B	私、▽▽会社の山田と申します。お昼時に失礼いたします。	休憩時間と思われる時間帯に電話をした際には、配慮ある一言をつけます。
A	いつもお世話になっております。	メモを取りながら伺います。
B	恐れ入りますが、中村課長をお願いいたします。	相手の部署や役職・名前をはっきりと伝えます。
A	課長の中村でございますね、少々お待ちいただけますでしょうか。【保留ボタン】	保留時間は15秒くらいにとどめるようにしましょう。
A	お待たせいたしました。申し訳ありません。中村はただいま会議に入っております。お急ぎのご用件でしょうか。	再び電話に出る際、「お待たせいたしました」と言ってから話を続けましょう。不在の理由については、状況に応じて臨機応変につけてください。急用の場合には、伝言メモを作成し、電話に出られるかを名指し人に確認したうえで取り次ぎます。
B	急ぎではないので、ご伝言をお願い致します。	名指し人が不在の場合は、電話に出た人に用件を簡潔に話すか、改めてかけ直すかを瞬時に判断します。
A	かしこまりました。承ります。	メモを取りながら伺います。
B	それでは、お手数ですが、ご伝言をお願いします。融資の件で、4月15日に行われる弊社の会議にご出席いただけるかを伺いたく、お電話いたしました。	いつ、どこで、何をしてもらいたいかを明確に伝えます。
A	復唱させていただきます。4月15日に行われる御社の会議に、中村が出席できるかどうか、折り返し、ご返事申し上げることでよろしいでしょうか。	メモを見ながら相手の言葉を復唱し、確認します。
B	はい。	
A	かしこまりました。中村が戻りましたら、確かに申し伝えます。私、□□課の後藤が承りました。	責任の所在を明確にするためにも、自分の所属と名前を言います。
B	よろしくお伝えください。	最後に、必ずその電話で取り決めたことを確認し、「よろしくお願いいたします」「失礼いたします」など軽く挨拶をしてから丁寧に切ります。
A	かしこまりました。失礼いたします。	

第1章　マナー編

第2章　業務編

第3章　知識編

COLUMN

さまざまなケースの電話対応

間違い電話への対応：
「こちらは○○銀行です。失礼ですが、何番におかけでしょうか？」「▽▽という者はこちらの課にはおりませんが、おかけ間違いではないでしょうか？」など、金融機関名や電話番号を伝えて確認します。

いたずら電話への対応：
「業務中なので失礼いたします」など、はっきり丁寧に対応します。

セールスの電話への対応：
「申し訳ありませんが、必要になりましたらこちらからご連絡いたします。ご連絡先をお願いします」など、お断りする場合も丁寧に伝えます。

業務中なので
失礼します。

クレームの電話への対応：
　相手の気持ちが収まるまでは丁寧な言葉遣いでしっかり聴きます。少なくとも、自行に対してお客さまが気分を害されているわけですから、まずは「申し訳ない」という気持ちで対応しましょう。お客さまの気持ちが収まったところで、解決策をお客さまと一緒に検討し、誠実に対応します。複雑な内容の場合は、上司や先輩に早めに相談しましょう。

5 接客

接客において重要なのが第一印象です。初対面の相手に対してはもちろん、お付き合いのある方であっても最初が肝心です。上司を顧客に紹介する、来訪者を応接室にご案内してお茶を出すなど一連の流れでイメージトレーニングしておくと落ち着いて行動できるようになります。

1 挨拶・名刺の受け渡し

紹 介順序

失礼のない紹介を行うには、紹介順序に留意する必要があります。原則は、目上の人に対して目下の人を、自行と他社など距離のある相手に対して、自行など近親者から先に紹介します。ただし役職の異なる複数のメンバーを紹介するときには、役職の高い人から順に紹介をする場合もあります。

上司(A)と取引先(Bさん)の場合

・身内は呼び捨てにします。
・丁寧に取引先の方を紹介します。

**他社同士を紹介する
(BさんよりAさんが親しい会社の場合)**

・親しい会社の方を先に紹介します。

**他社同士を紹介する
(Aさんが課長で、Bさんが部長の場合)**

・役職が下の方を先に紹介します。

複数の上司と複数のお客さまの場合

・身内から先に役職の高い順に紹介します。
・次に先方の方を役職の高い順に紹介します。

名刺の受け渡し

　名刺には、持ち主の肩書きや名前が書かれており、ビジネス社会では持ち主の分身として扱われます。自分の名刺といえども、いずれは相手に手渡されるもの、機能的な名刺入れに、汚れのないものを10枚以上は入れておきます。

名刺交換のタイミング

　名刺を差し出すタイミングは、訪問した側から、または目下の者から出します。必ず立ち上がり、相手の目を見ながら、「初めまして」「よろしくお願いいたします」など、初対面の挨拶をしましょう。たとえば、「○○銀行の△△と申します」と軽く頭を下げます。

同時交換の場合

①向かい合って立ち、それぞれ両手で名刺を持ちます。最近は名刺入れの上に名刺を乗せるのが一般的です。

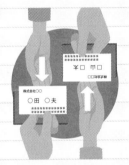

②右手で自分の名刺を持って差し出し、左手で相手の名刺を受け取りながら「ちょうだいいたします」と上体を前傾させます。

○田○夫ですね。

○田○夫様

③相手の名刺をすぐに両手で持ち、名前を復唱して、名刺入れにしまいます。商談などで机がある場合には、机上に名刺を置く方法もあります。

○　机がある場合の名刺の扱い

　いただいた名刺を自分の名刺入れの上に置く、着席順に並べるなど置き方はさまざまですが、大切なのは丁寧に扱うこと、用事が済んだら速やかにしまうことです。

○　名刺入れがみつからない場合

　名刺交換の相手は用意ができているのに、自分が準備できておらずお待たせしてしまう場合には、先に名刺を受け取ります。そして、カバンなどから名刺入れを探し出し、「先ほどは失礼いたしました。改めまして私○○と申します」というように挨拶しましょう。

○　名刺を忘れた場合

　初対面の方には必ず名刺をお渡しします。もし、忘れてしまった場合には、「申し訳ございません。あいにく名刺を切らしています。私、○○銀行の△△と申します。よろしくお願いいたします」と、お詫びの言葉を添えて挨拶をします。相手の名刺は受け取り、後日お目にかかったときに忘れずにお渡しするようにしましょう。

② 各種席順

応接室

　役職が決まっているビジネスの世界では、座っていただく席も決まっています。上司やお客さまが座る一番良い席を上座・上席（かみざ・じょうせき）、幹事や新入行職員が座る席を下座・末席（しもざ・まっせき）と呼びます。

　応接室の席次は座席数や絵画の配置などによって多少異なりますが、お客さまがリラックスして過ごせる席として、出入り口から一番遠い席にご案内するのが基本です。行内の応接室にお客さまをお通しする際に慌てないよう、事前に確認しておくことが大切です。

<table>
<tr><td>一般的な応接室</td><td>長椅子がある応接室</td></tr>
</table>

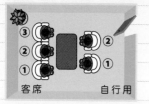

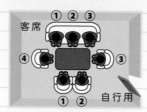

One Point manner　臨機応変な対応を

　お客さまの人数によっては基本どおりにできないこともあります。また、季節によっては、下座であっても窓からの景色が美しく見える席を案内すべきときもありますし、スクリーンを使用する際には映像が見やすい席が適切です。基本を押さえながらも、お客さまへの心遣いを忘れずに臨機応変に対応しましょう。

<table>
<tr><td>円卓</td><td>会議室</td></tr>
</table>

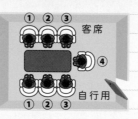

COLUMN　応接室での名刺交換のポイント

　テーブル越しに交換するのはマナー違反です。テーブルがあるときは、相手側にまわり1mくらいの間隔で向き合って行います。

　数名で名刺交換を行う場合には、役職が上の人から順番に渡していきます。自分の上司に同行した場合には、上司の名刺交換が終わってから行います。

車 の席順

　車に乗る場合には、後部座席の進行方向に向かって右側、つまり運転席の後ろが最上席となります。通常は助手席が末席で新入行職員が座り、支払いなどを行いますが、乗車人数などによっては後部座席中央が末席になることもあります。

　自家用車の場合には、運転席と助手席が同格となり、運転手が新入行職員か上司かによって最上席が異なりますので注意が必要です。また、タクシーを利用して大切なお客さまや講師を送迎する場合は、行職員は助手席に座るのが基本です。

・タクシー
・社用車または自家用車で、運転手が若手行職員の場合

・社用車または自家用車で運転手が上司などお客さまと同格の場合

・タクシーで来賓のお客さまや講師を送迎する場合

そ の他の乗り物

　電車の場合は、窓側が上席になります、次に進行方向を向いた席という順で考えてください。飛行機の場合は、窓側が上席、3席並んでいる場合は、真ん中が末席になります。通路側の座席環境は、利用時間や通路の人通りなどで快適性が左右されます。飛行機の場合には出入りしやすい通路を好む方もいらっしゃいます。応接室同様、臨機応変に対応してください。

・電車　4人がけの場合

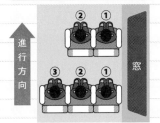

・電車　2人がけの場合
　　　　3人がけの場合

・飛行機

③ 来訪者の迎え方

取り次ぎ方の流れ

　来訪者の取り次ぎ対応はアポイントの有無により異なります。アポイントのあるお客さまをお待たせすることのないよう、来客時刻を事前に把握し、スムーズにご案内できるようにしましょう。取り次ぎの流れは以下のとおりです。

① 来客あり
受付にお客さまがいらっしゃったら「いらっしゃいませ」と笑顔で挨拶をします。受付が設けられていない場合には、近くにいる人が気づいて速やかに対応します。

② 名前の確認
訪問者の会社名や名前の確認を行います。相手の方が先に名乗った場合は、「○○会社の○○様ですね」と復唱し、名乗らない場合には「失礼ですが、お名前をお伺いできますでしょうか」など、丁寧に確認します。

③ アポイントの確認
アポイントの有無を確かめ、担当者に連絡をします。

④-1 アポイント無し
予約がない場合で担当者の時間が取れないようであれば、「申し訳ありませんが、お約束のない方とはお会いしかねるとのことです」とお断りします。担当者の時間がとれるようであれば、指示に従ってください。

④-2 アポイント有り
予約があれば「○○様、お待ちいたしておりました」と伝え、担当者に連絡して、応接室に案内します。
担当者が受付まで来る場合、近くに椅子があれば、「ただいま参りますので、おかけになってお待ちください」と案内しましょう。

One Point manner 担当者不在の場合

　お取り引きのあるお客さまが「近くまで参りましたので…」などとアポイントなしでお見えになることもあります。そのようなときに担当者が不在の場合には、「あいにく○○は外出をしております」「戻り次第申し伝えます」「私でよろしければご用件を承ります」など、丁寧に対応します。

内（廊下・階段・エレベータ）

○ 応接室への案内

手で方向を示しながら行き先を告げ、「○○様、2階の応接室にご案内いたします、どうぞこちらへ」と伝えます。お客さまを案内しながら廊下を歩く場合には、斜め2、3歩前を歩き、誘導します。このとき、歩幅を合わせたり話ができるよう、体を少しお客さまのほうに向けるとよいでしょう。

角を曲がる際には、「右に曲がります」など、口頭でも案内します。廊下を歩いていて、上司とすれ違ってもそのまま進みます。ただし、お客さまとかかわりのある部署の人とすれ違ったときには、紹介するなど臨機応変に対応しましょう。

斜め2、3歩前を歩く

○ 階段での案内

階段では、お客さまを見おろすことのないよう、上りは数歩後ろから、下りは数歩先を歩きます。ただし、状況によっては上りも下りも先に階段を進み、お客さまを誘導する場合もあります。その際には「お先に失礼します」と一言お断りしましょう。

上りの場合　数歩後ろから

下りの場合　自分が下を歩く

○ エレベータでの案内

エレベータでは、降りる人を待ってから乗り込みます。まずお客さまに奥を案内し、案内する人は操作盤の前に立ち、なるべく背中を向けないよう、体を少し斜めにしてお客さまのほうに向けます。すでに何人か乗っていたり、お客さまが数名の場合には自分が先に乗ったほうが良い場合もありますので、状況を見て対応してください。降りるときには、お客さまに先に降りていただきます。

案内する側は操作盤の前に立つ

案 内（応接室への通し方）

　事前に、テーブルや椅子が整っているかを確かめておきます。応接室前に着いたら、「こちらでございます」と、お客さまに伝えます。念のためドアをノックし、ドアを開けてお客さまを部屋に案内します。

　押し開きのドアの場合には、自分が先に入ってドアを押さえ、手前開きのドアの場合には、自分は廊下側でドアを押さえ、お客さまに先に入っていただきます。部屋に入ったら上座に案内します。コートをお持ちであれば、ハンガーにかけたり、置く場所をご案内しましょう。

　自分は案内をするだけで退室する際には、「失礼いたします」や「担当者がすぐに参りますのでお待ちください」と言葉を添え、一礼します。

押し開きドアの場合	手前開きドアの場合
1 ドアに近い手でノブを持ち、10〜15センチ押して「失礼いたします」と一声かけます。 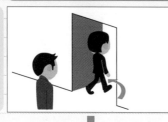	**1** ドアに近い手で10〜15センチ引いたところで「失礼いたします」の一声をかけます。 
2 押しながら中に入り、ノブを反対の手に持ちかえます。 	**2** ドアが自分の身体と平行になるまで引き開けます。 
3 ドアと並行に立ち「どうぞ、こちらへ」と一言かけて案内し、静かにドアを閉めます。 	**3** 「どうぞ、こちらへ」と手のひらで指し示し、お客さまに先に入室していただき、静かにドアを閉めます。 

お 見送り

　原則的には、建物の玄関先まで送るのが一般的ですが、お客さまとの関係や状況によって、エレベータや階段の前までのお見送りになることもあります。その際には「こちらで失礼いたします」と一言添えます。お見送りをする際には、感謝の気持ちをもってお辞儀をし、お客さまの姿が見えなくなるまでその場を離れないようにしましょう。

④ お茶の出し方

お茶を出すタイミングは、来訪者と担当者の挨拶が終わるあたりがベストです。もしタイミングが遅くなり打合せ等が始まっているようであれば、話し合いの邪魔にならないよう、書類の脇に安全に置き、声かけも最小限にとどめましょう。

日本茶の淹れ方

1. 人数分の茶碗を用意し、茶碗の8分目まで熱いお湯を注ぎ温めておきます。このとき、茶碗に破損がないかを確認します。
2. 布巾と茶托を必要数用意し、濡れないようにお盆の上に重ねて置いておきます。
3. 急須に茶葉を入れて、湯飲み茶碗のお湯を急須に移します。
4. 急須に蓋をして1分くらい待ちます。茶葉によって注ぐお湯の適温が異なります。煎茶は70〜80度、ほうじ茶や玄米茶、番茶は100度が適温です。提供する際のお茶の温度は、お客さまの様子を見ながら冬は熱く、夏はぬるめに淹れるとよいでしょう。
5. 濃さが均一になるように少しずつ注ぎます。適量は7〜8分目です。

お 茶の出し方

1.お盆に湯飲み茶碗と茶托、台布巾を置きます。

2.お盆を胸下の高さに持ち、ドアをノックして応接室に入室し、お茶がこぼれないように「失礼いたします」と会釈をします。

3.お盆をサイドテーブルか、なければ応接テーブルの下座側に置きます。

4.茶托の上に湯飲み茶碗をセットし、お客さまで役職の高い方から、あるいは上座に座っているお客さまから、順に出します。茶托に木目がある場合、横目にして出します。

5.「失礼いたします」と言い、茶托を両手で、お客さまの右側から出します（状況によっては左からでもOK）。

6.茶を出し終えたらお盆を脇に挟み、ドアの前で「失礼いたします」と会釈して退室します。ドアを閉める際にもう一度会釈しましょう。

7.お茶を取り換える際は、茶碗と茶托をいったん片付けたあと、新しいお茶を提供します。

第1章

マナー編

第2章

業務編

第3章

知識編

コーヒー・紅茶の提供方法

コーヒーや紅茶の場合も、日本茶と同じように、原則として提供直前までソーサー、カップ、スプーンを別々にしておき、サイドテーブルでセットします。砂糖やミルクについては、別の小皿にセットする場合と、ソーサー上に置く場合の2種類あります。

砂糖・ミルクをソーサー上に置く場合

砂糖・ミルクを別の小皿にセットする場合

COLUMN

お酒の席 / イベント参加の心構え

学生時代の飲み会とは異なり、社会人にとってのお酒の席は、"仕事の延長"という色合いが少なくありません。中にはあまり気の進まない誘いがあるかもしれませんが、職場の雰囲気になじんだり、相手をよく知り、自分をよく知ってもらう機会にもなります。無理のない範囲で参加するとよいでしょう。

飲めない人はその旨を正直に伝えればOK。お酒の席での失敗が原因で後々人間関係にひびが入るということもありますから、記憶をなくすまで飲むとか、酔いつぶれると

いった醜態は決して見せないよう気をつけましょう。そしてどんなに夜が遅くなっても、会社に泊まったり、翌日遅刻したりといったことがないように注意してください。

金融機関によっては、お酒の席での独自のルールを設けているところもあります。こうしたルールを事前によく確認するとともに、機密事項はもちろんのこと取引先名や身内の噂話などはお酒の席でも不用意に話さないよう気をつけましょう。

また、営業店などでは花見や忘年会、ゴルフコンペなど、

さまざまなイベントも開催されます。新入行職員も積極的に運営に関わるとよいでしょう。段取り力や調整力を身につける良い機会となるはずです。また、帰省や旅行のお土産、誕生日プレゼントなどを日頃お世話になっている方々にお礼の気持ちを込めて渡すのはよいですが、特定の上司だけに贈ったり、自分だけ高価な物を贈ったりすると、ほかの行職員との間にトラブルが生まれかねません。周りの人たちとのバランスを大切に、先輩などに相談するのがよいでしょう。

⑤ アポイントの取り方

基本的な流れ

　仕事で他社や個人宅を訪問する際には必ずアポイント（訪問の予約）を取ります。誰もが予定を組みながら仕事をしたり生活をしたりしていますので、突然訪ねることは相手の迷惑になる可能性が高いからです。ここでは電話でのアポイントの取り方を中心にご紹介します。

　アポイントを取る際は、以下の手順で行います。できれば1週間前までに訪問の了承を得るようにしましょう。時間的余裕があることで、日程を決める際の選択肢が増えます。

1 用件を伝え、承諾を得る	用件の内容によっては相手先の担当者も準備が必要な場合がありますし、担当者が異なる場合もあります。用件を簡潔・具体的に伝えましょう。また、すでに取引のある企業やお客さまへの連絡であれば、メールでアポイントを取るのも1つの方法です。
2 所要時間、人数を伝える	「当日は、課長の佐藤と伺う予定です。30分ほどお時間をいただけませんでしょうか」など、具体的な情報や希望を伝えます。
3 できるだけ先方の都合を優先する	まずは相手の都合を優先しますが、もし自分から候補をあげる場合には、「来週の半ばまでにはお伺いしたいのですが、ご都合のよいお日にちとお時間を教えていただけますか」「9日と10日、12日あたりはいかがでしょうか」といった具合に、候補を複数用意し、相手に選んでもらいましょう。ただし、週明けの初日、月末などの訪問は避けたほうが無難です。
4 時間を取っていただくことへの感謝の言葉を添えて、電話を終える	「では、○日の○時に伺います。時間を作っていただき、ありがとうございます」など、日時の確認と感謝の言葉を伝えます。

の他の注意点

　アポイントを取ってから日にちが経っている場合は、訪問の前日または当日の朝に、確認の連絡を入れましょう。ただし、始業直後や終業間際など忙しいと思われる時間帯は避けて電話をするのがマナーです。

　訪問の約束をキャンセルすることは、よほどの事情がないかぎり避けなければいけません。約束の時間に遅れるのはもってのほかです。遅くとも約束時間の5分前には訪問先の玄関に到着しているようにしましょう。

　万が一、こちらの都合でアポイントを変更せざるを得ない場合や、事故などで約束の時間に間に合わないときには、先方に迷惑がかからないよう、早めに連絡を入れましょう。直接担当者に状況を伝えられずに伝言する場合は、取り次いでくれた担当者の名前も聞いておきます。このほか、急な予定変更に備え、事前に担当者の方の直通の連絡先を確認したり、自分の連絡先を伝えたりしておくのも一案です。

冠婚葬祭の常識

　社会に出ると、途端に多くなるのが冠婚葬祭への出席です。新入行職員は、職場で関係する冠婚葬祭の場合は、受付や順路の案内など、お手伝いをする機会も多いと思われます。

　ある意味「金融機関の顔」の役目を担うわけですから、最低限のマナーは身につけておきましょう。

　結婚式の招待状を受け取ったら一週間以内に返事を出します。返信はがきの自分の名前などについている「御」「御芳」は消し、相手の名前に「様」を付けて送り返します。当日は、会場や時間に合わせたふさわしい服装を。男性は礼服かフォーマルスーツがよいで

しょう。特に女性の場合、花嫁よりも華やかな服装や白い服装は避けます。爬虫類のバッグや靴も"殺生"を連想させるので使わないようにし、昼間の場合なら肌を露出しすぎないようにしましょう。ご祝儀は新札で、同僚、友人や先輩などなら2万円〜3万円くらいが一般的です。

　一方、ご不幸は、一般的に前もっての予告はありません。そのため、社会人になったら日ごろから喪服や数珠を用意しておくことが大切です。

　よほど親しい場合以外は、通夜か告別式どちらかの出席でよいでしょう。不祝儀袋は故人の宗教によって、種類や

表書きが異なりますので、必ず確認します。名前等は薄墨を使って書きます。金額は上司や同僚の家族なら通常3千円〜5千円ですが、不安な場合は、周りの人と相談するとよいでしょう。

　服装は、以前は通夜に喪服はよくないとされていましたが、最近は喪服を着用することも多くなっています。女性の場合、メイクは控えめにし、結婚指輪、真珠以外のアクセサリーはつけません。靴やバッグも光沢のあるものは避けましょう。

　社葬などでお手伝いを頼まれたときは、参列客に失礼のないよう、礼儀正しく真摯な態度で対応しましょう。

⑥ 他社への訪問の仕方

基本的な流れ

　時間に遅れるという状況は、たとえそれが1分だったとしても著しく印象を悪くします。できるかぎり時間に余裕をもって行動しましょう。また、訪問時の限られた時間を有効に活用できるよう、カバンの中の書類を整理したり、イメージトレーニングをしておきます。訪問した際には、訪問先のすべての人を顧客と考え、受付の方だけでなく誰に対しても失礼のないように、感じのよい会釈や挨拶をしましょう。

1	情報収集と事前準備	初めての訪問の場合には、アクセス方法などを調べたうえで、事前に相手の会社に関する事業内容などの情報を把握しておきましょう。そのほか、同行者がいる場合にはあらかじめ打ち合わせをし、当日はスムーズに話題を展開できるようにします。先方の都合により人数が増えることもあります。資料や名刺の予備を持っていきましょう。

2	アポイントの10分前には到着	あらかじめ化粧やネクタイの緩み、靴の汚れをチェックし、建物に入る前にコートや手袋を脱ぎます。携帯電話の電源も原則切り、約束の時間になったら取り次ぎを依頼しましょう。雨の日で傘を持っている場合には、傘立てに入れるか水滴をしっかりはらって持ち込みます。

3	取り次ぎを依頼する	受付のない会社もありますので、状況に応じて行動しましょう。依頼の文言としては、「お世話になっております。私、○○銀行の佐藤と申します。経理課の佐々木様に4時にお約束をいただいています」などが一般的です。		

受付	自分の所属と名前、訪問する相手の所属と名前、アポイントの有無を告げます。
受付がない場合	入り口付近の人に声をかけ取り次ぎを依頼します。
内線電話	受付にある電話で、訪問者自身が担当者を呼び出すシステムの会社もあります。呼び出し方法や内線番号表を見て電話をかけ、所属と名前を伝えます。

4	**応接室での マナー**	応接室に通されたら、入り口に近い下座に座ります。ソファーをすすめられても中央を避けて入り口側にずれて座り、遠慮の気持ちを表現します。バッグなどの荷物は床に置き、コートは小さくたたみ椅子の横に置きます。飲み物の好みを聞かれたら答えますが、出されたものをいただくのはすすめられてからにします。担当者が入室したら立ち上がり、「本日はお忙しい中お時間をいただきありがとうございます」などと挨拶をして、必要に応じて名刺交換をします。もし、担当者に上座をすすめられたら遠慮せずに移動します。

5	**辞去**	訪問者の側が話を切り上げるのがマナーです。予定時刻になったら「時間になりましたので、これで失礼いたします」と言って話を切り上げます。もし必要な用件を伝え終わってしまった場合、予定の所要時間内であったとしても、先方の様子によっては、早めに辞去するのも1つの方法です。「本日はお時間をちょうだいしてありがとうございました」などと伝えて切り上げます。用件が終わっていない場合には改めて別な日を設定するよう約束しましょう。見送りについては、相手に手間をかけさせないよう「こちらで失礼いたします」と挨拶をしてさりげなく断ります。

 の他の注意点

○ **上司と他社を訪問した場合**

　常に上司を立てた振る舞いをします。たとえば応接室で挨拶をする際、上司の挨拶が終わり、自分の紹介がなされないときには口をはさまず、上司とともに礼をするだけにとどめます。

　話の途中で紹介されればそこで初めて挨拶をして、名刺を出します。茶菓なども上司が手をつけるのを待っていただきます。

　ただし、先方の前で上司と会話をするときは、多少敬語や礼儀を控えることが、相対的に相手への敬意を高めることにつながります。

○ **アポイントのない訪問**

　基本はアポイントを取ってからの訪問ですが、飛び込み営業などのアポイントのない場合には、担当者の忙しそうな時間をはずして訪問します。基本は相手の都合を優先して、断られてしまった場合には無理にねばらずに、名刺やパンフレットなどを置いて帰りましょう。

7 個人宅への訪問

自宅訪問時の配慮事項

　個人宅を訪問する場合には、会社を訪問する以上の配慮が必要になります。お客さま一家の生活時間を優先し、忙しそうな時間帯を避け、長居もしないよう気をつけます。こちらからアポイント時刻を提示する場合には、食事時を避けます。平日の午前10〜11時、午後3時前後が望ましいでしょう。また、念のため訪問の1時間くらい前に確認の電話を入れると確実です。

　会社訪問と異なり個人宅を訪問するときには、先方を慌てさせてしまうことのないよう約束の時間より前には訪問しないようにします。

訪問の流れ

1 インターホンを押し、所属と名前を名乗る

コートや手袋などを脱いでからインターホンを押し、「○○銀行の佐藤と申します、本日3時にお約束をいただいております」と所属や名前を名乗ります。

2 玄関に上がる

正面を向いて靴を脱ぎ、玄関に上がってから脱いだ靴を揃えます。このとき、靴の中敷きや靴下・ストッキングが汚れていると目立ちます。靴を脱ぐことを前提に準備をしておきましょう。もしスリッパをすすめられたら、相手のほうに向き直ってから履きます。

3 室内に上がり挨拶と用件を伝える

家にあがるようすすめられたら「失礼いたします」と言って入ります。居間に通されたら、まずは手荷物を床に置き、「本日はお時間をいただきありがとうございます」と感謝の気持ちを伝え、案内された場所に座ります。

本日はお時間をいただきありがとうございます

4 手土産のある場合

袋から出して向きを先方に向けて「皆さんで召し上がってください」などと言いながら両手で渡します。

5 辞去

用件が済んだら「そろそろ失礼いたします」と言って席を立ちます。

ち居振る舞い

○ 洋室の場合

　椅子に座るときは、椅子の左側に立ち、左足を半歩前に出し、右足を椅子の前に置き左足を揃えます。ふくらはぎで座面の前側を確認して座ります。あまり深く腰をかけると姿勢が崩れますので、浅目に腰かけましょう。

○ 和室の場合

　ふすまを開けるときは、ふすまの正面に座り、近いほうの手で少し（手が入る程度）開けます。少し開いたふすまの縁（下から25センチくらい）に手を置き、体の半分ほどまで開けます。反対の手で体が通れるくらいまで開けて、「失礼します」と言って入室します。

①少し手が入る程度開ける

②体の半分ほどまで開ける

③反対の手で体が通るくらい
開ける

○ 座布団の座り方

　まず、座布団の下座側に正座します。すすめられたら、両手を軽く握って座布団の上に乗せ、片膝ずつ座布団の後部に乗せ、手をつきながら座布団の手前に膝を移動させ正面を向いて座ります。

①まず下座側に正座する

②片膝ずつ後部に乗る

③座布団の手前に移動する

○ 注意事項

　畳の縁や敷居を踏んだり、座布団を踏んだりまたぐのはマナー違反です。和室では足元に十分注意をして動きましょう。そのほか、崩した足を上座に向けたり、立ったままお辞儀をするのもいけません。

⑧ 店舗での接客

店舗での接客の流れ

　金融機関が成り立つのは、お客さまに役立つ価値を提供しているからです。信頼性や正確さはもちろん、数ある金融機関の中から選んでいただくためには、その価値をどのように提供するか、つまり「サービス」の要素が大きく関係します。ほとんどの方に通用する接客マナーを身につけつつ、個々のお客さまのニーズに合わせた対応ができるよう研鑽を積んでください。

Check 01 開店準備

☐ 身だしなみを整え担当ポジションに向かい、店舗の清掃や整理整頓を行います

☐ パンフレットや記帳台の上のペンや帳票類が揃っているかを確認します

☐ 朝礼でその日の注意事項や連絡事項を確認します（店舗によってはテラーやロビー担当者、渉外担当者間の情報共有や、事務担当者からのトラブル事例周知なども行われます）

☐ 開店前に持ち場について、再度身だしなみを確認します

Check 02 お客さまの出迎え

☐ お客さまがいらっしゃる方向に上体を向け、笑顔で挨拶をします

☐ 自由に動けるロビー担当は、お客さまの動作や表情に注目し、状況に応じて声をかけ、手続きをスムーズに進められるよう援助します

Check 03 応対

■ロビー担当

☐ お客さまの様子を観察し、お手伝いが必要なお客さまがいないか気を配ります

☐ お客さまからの合図や様子に気づき、そばに伺い要望に応じて対応をします

☐ ロビーでお待ちいただいているお客さまには、積極的に声をかけ、商品などのご案内をします

■テラー

☐ お客さまの用件を的確に把握し事務処理を行います

☐ 手続きの合間の会話により、お困りのことやお探しの商品がないかを推測し提案します

☐ 現金や通帳の印字、控えの返却など、ご要望の手続きが完了しているか確認を依頼します

Check 04 見送り

☐ 感謝の気持ちを込めて見送ります

基本対応

○気持ちを伝えるフレーズ

まずは10のフレーズを覚え、気持ちを込めて使えるようにしましょう。

フレーズ1「いらっしゃいませ」

数ある店舗の中から選んでいただいたことへの感謝を伝えます。

フレーズ2「かしこまりました」「承知しました」

お客さまの要望を伺って「わかりました」という言葉の代わりに使います。

フレーズ3「お預かりいたします」

カルトンで伝票などを受け取りながら伝えます。

フレーズ4「少々お待ちください」

手続きをする間、お待ちいただくために使います。5分以上お待たせするときには、どのくらい時間がかかるかの予測を伝えましょう。

フレーズ5「恐れ入ります」

日付などの記入漏れがあったときなどお客さまに何かを依頼するとき、またお客さまから褒められたときにも使います。

フレーズ6「お待たせいたしました」

時間の長短にかかわらず、お客さまのお時間をいただいたことへの配慮の気持ちを伝えます。

フレーズ7「どうぞお確かめください」

現金や通帳印字の確認を依頼するときに使います。

フレーズ8「ありがとうございました」

手続き終了時や、お客さまがお店を出られる際、ご来店いただいたことへの感謝の気持ちを込めて用います。

フレーズ9「失礼いたします」

やむを得ずお客さまの前を横切ったり通帳を確認させてもらうときなど、礼儀を欠かさないために用います。

フレーズ10「申し訳ございません」

意向に添えないときや、ご迷惑をかけた際のお詫びを表すときに使います。

○ 印象のポイント

　人は五感を使って物事を判断しますが、印象を判断する際に大きな割合を占めるのが「視覚」と「聴覚」からの情報です。視覚であれば、明るい表情、謙虚な態度、きびきびとした動作、清潔な身だしなみ等、聴覚であれば、挨拶や話し方、敬語の使い方などです。第1章の「身だしなみ」(02頁参照)「挨拶・言葉づかい」(06頁参照)で紹介したポイントを押さえて、笑顔で挨拶をしましょう。

○ 表情

　特に重要なのが「笑顔」です。笑顔は相手に親近感や安心感を与え、雰囲気を明るくし、余裕を感じさせます。お客さまと会話をしている最中にはできていても、下を向いて手続きや作業に夢中になっているとき、スタッフ同士で話をしているときに真顔になっているということはありませんか？　ロビーに座って手続きを待つ間、お客さまは意外にスタッフの表情を見ています。常に笑顔を保つようにしましょう。

○ 笑顔作りのコツ

　笑顔のポイントは目と口元の表情で決まります。常に見られているという意識を忘れずに、口角を上げたまま保てるように日ごろから気をつけましょう。また、口元は笑っているのに目が笑っていないと、いかにも営業スマイルになってしまいます。口元を隠した状態で鏡を見て、目だけで笑顔を表せるように練習してください。

ユ ニバーサルサービス対応

「すべての人に平等のサービスを」という意味です。そのなかには障がいのある人に対する設備面等の配慮をするバリアフリーなどが含まれます。

　障がいの有無にかかわらず、子ども連れや高齢者、外国人なども含めたすべての人々が分け隔てなく過ごせる環境を作ることです。そのためには建物や設備を整えると同時に、行職員の思いやりや気配りで解決すべき状況もあります。接客に携わる人間として、それぞれのお客さまの立場や事情を汲んだ対応をすることが求められるのです。

ク レーム対応(66頁も参照)

　人は期待と異なる対応や説明を受けた際、不信感や不満を抱くものです。その後の行動は人によってさまざまですが、店舗で直接クレームをなさる場合もあります。このときの対応によってクレームを「信頼」や「満足」に変化させられるか、「失望」や「不信」のままで終わるのかが決まります。仕事は信頼関係が基本ですが、金融機関であればなおさら「信頼」は大切な商品です。クレームはお客さまに提供していただいた大切な信頼回復のチャンスととらえ、単にお詫びするのではなく、お客さまの気持ちを理解するように聴き真摯に対応してください。クレームを信頼回復につなげるためには、謝罪をしたり行き違いや失敗を正すだけでは不十分なのです。

顧 客満足（CS）の推進

　ここまで、ほとんどの方に通用する接客マナーについて説明しました。

　金融機関を利用するお客さまの目的はさまざまですが、大抵のお客さまが迅速さであったり感じのよい対応を期待しています。この期待を超える対応ができればお客さまの満足につながりますし、反対に期待を超えられないと不満が残ります。この期待の高さはお客さまによって異なり、ここに万人に顧客満足を提供する難しさがあります。お客さまによって異なる期待の高さを把握して、それを超える対応を個々に行うことが重要なのです。

　具体的には、①お客さまの立場に立って行動する、②YESの発想、つまりお客さまの要望をどのようにかなえるかを考える、③事務処理についてはマニュアルどおりに、接客についてはマニュアルを超えた対応を目指す、ということを意識しましょう。

お 待たせする際の心づかい

　金融機関で手続きを行うお客さまは、ロビーで番号札を取って順番を待ち、テラーに用件を伝えて処理を待ち、処理が終わって通帳や控え、現金などの受渡しをして手続きを完了させるのが一般的です。お客さまの立場に立って考えると、1回の手続きを終えるまでに、2回「待つ」という状態が起こります。お客さまによっては、この後に予定のある方もいらっしゃいます。できれば受付番号自動発行機近くではロビー担当者が、カウンターではテラーが待ち時間の目安を伝えるようにしましょう。一般的に「少々お待ちください」の意味は5分程度お待ちいただくことを意味します。もしそれを過ぎてしまった場合には、あとどのくらいお待たせするかの目安をお伝えしましょう。

表 情から読みとる

　店舗内でのお客さまの表情や様子に常に目を配りましょう。店舗内に不慣れな方はあちこちに視線を向けるでしょうし、時間を気にしている方は順番待ちの番号や時計に目をやります。
そういったお客さまの個別の事情をキャッチして対応します。お客さまに近付き、「何かお探しですか？」「いかがされました？」などの声かけを行います。また、日頃からお客さまの表情に目を配るプラスアルファの効果として、早期に不審な人を見つけ防犯に役立てるということもあります。

店舗内で接客する際のチェック項目

Check1　身だしなみ（詳細は【身だしなみ】02頁参照）

☐ 制服の場合には規定通りに、私服の場合には職場に合った服装をする

☐ 香水、整髪料などの臭いを控える

☐ お客さまの視界に入りやすい指先を清楚・清潔に保つ

Check2　表情

☐ お客さまと接するときには必ず笑顔を忘れない

☐ お客さまが周囲にいらっしゃることを意識し、忙しいときでも表情を柔和に保つ

☐ 物をお渡しする前後やお辞儀の前後に必ずお客さまの目を見る（例：通帳などをお返しする際に、お客さまの目を見て「お確かめください」と声をかけ、通帳を見てお渡しし、再度お客さまの目を見る）

Check3　マナー

☐ 両手は体の前で組むか、体の横に置く

☐ 背筋を伸ばし、壁やカウンターに寄り掛からない

☐ 仕事を楽しむきびきびとした態度でお客さまに好印象を与える

Check4　YESの発想

☐ お客さまのご要望をうかがった後の第一声に「少々お待ちください」を使わず、「かしこまりました」と告げてから次の文言につなげる

☐ お客さまのご要望をそのままかなえることができないときでも、可能なかぎり意に沿う代替案を提示する

☐ お詫びの文言をすぐに考えない

Check5　知識

☐ 伝票処理に関してだけでなく、最新の金融商品のポイントも頭に入っている

☐ 上司や先輩などから知識・技量を習得するよう日頃から努めている

☐ 新聞やニュースに目を通し、経済を中心に世間一般の情報を把握している

第1章
マナー編

第2章
業務編

第3章
知識編

COLUMN

障がい者の差別解消に向けて

「障害者差別解消法」はすべての人が障がいの有無によって分け隔てられることなく、お互いを尊重して共に生きることを目的として、具体的な施策等を規定しています。2024年4月からは事業者による障がいのある人への合理的配慮の提供が義務化され、これまで以上に誰もが活動しやすい社会となることが期待されています。本法に対応し、金融庁は「金融庁所管事業分野における障害を理由とする差別の解消の推進に関する対応指針」(金融庁対応指針)を策定し、基本的な考え方を示すとともに研修等を通じて行職員に対する法の趣旨の普及や障がいに関する理解の促進等を求めています。金融機関は、誰もが日常的に利用する、財産に関するサービスを提供する重要な役割を担っています。各営業店のバリアフリー化などを進めるとともに、行職員が自身の担う役割を自覚して障がいのあるお客さまを積極的にサポートすることも求められます。

COLUMN

メンタルヘルスの重要性

経済や産業構造が変化するなか、仕事や職業生活に関する不安や悩み、ストレスを感じる人は少なくありません。業務上のストレスが原因となりメンタルヘルス不調に陥ったり、自ら命を断つケースも多く見られ、企業、労働者が一体となって健康に働き続けられる環境を整備する必要性が認められています。

特に新入行職員にとっては、環境が変わり、今までとは異なる人間関係の中で責任を負うわけですから、それだけでも大きなストレス要因です。まずは、そのことを認識しましょう。ただし、ストレス要因があるからといって必ずしも健康障害を引き起こすわけではありません。ストレス要因の受止め方や反応は人によってさまざまです。また、同じ人でも時期によって変化します。そこで、重要な視点となってくるのが"いつもと違う自分に気づく"こと。「朝、起き上がるのがつらい」「なかなか疲れがとれない」などの症状が2週間ほど続くようであれば要注意。自身のストレスに気づいて、ストレス過多の状態にならないように対処することが大切です。

厚生労働省が運営する働く人のメンタルヘルス・ポータルサイト「こころの耳(http://kokoro.mhlw.go.jp/)」では、簡単にできるストレスセルフチェックも設けられていますので、そういったものを定期的に活用するのもひとつの方法です。

メンタルヘルスの問題は第三者にはとらえにくいので、ひとりで抱え込まずに自発的に相談するようにしてください。そうすることで、周囲の協力を得ることができ問題が先送りされず、大きくならずに済みます。

また、日頃よりご自身に合ったストレス解消法を見つけておくとよいでしょう。たとえば、アロマテラピーやリラクゼーション、有酸素運動などが効果的です。

6 文書

ここでは、「書く」ことを中心に学びます。一人前の社会人として認められるためには、報告書をはじめとする文書作成がスムーズにできること、礼儀正しい手紙が書けること、加えて、文書管理ができることが欠かせません。早い時期に身につけておきましょう。

① 報告書の書き方

文 書を作成する目的

仕事の場では、簡単な約束事であっても文書にするのが原則です。口頭だけのやりとりでは、聞き間違えることも少なくないからです。たとえば、「1（いち）」と「7（しち）」を聞き違えると、どうなるでしょう。単純な間違いですが、時として大きなトラブルに発展することが、容易に想像できます。このようなことを防ぎ、正確な意思疎通を行うためにも、文書の作成は欠かせないものとなっています。

また、私たちの記憶力には限界があります。おそらく皆さんも、「聞いたはずの話の内容を忘れてしまった」という経験をしたことがあるでしょう。そのようなとき、聞いたことを文書の形で残していれば、後の確認手段として役立ちます。まれに、「聞いたこと自体を忘れてしまった」ということも起こり得ますが、このような場合であっても、これが文書の形で残っていれば、「確かにこのような話をした」という証拠になるでしょう。このほか、文書は職場内外のさまざまな部署で働く人たちに、同じ内容を一度に伝達するうえで役立ちます。

報 告書に記載すべきこと

報告書を作成する際は、「誰に」、「何を」報告するのかを意識し、事実を正確に伝えること、そして、その説明を行うことを心がけるようにします。報告にあたっては、ホウ・レン・ソウの項目（18頁参照）で学んだ5W3Hを意識して、要点を整理するとよいでしょう。そうすることで、報告すべき内容が漏れにくくなります。

そのほか、取引先の動向がわかるなど、上司の判断やその指示に影響を与えると思われる情報については、気を利かせて報告書に盛り込むようにしましょう。たとえ雑談の最中とはいえ、取引先から「最近、ほかの金融機関の人間がよく顔を出すようになってね」などと言われたら要注意です。こういった報告は、現場を知っている担当者にしかできないからです。場合によっては、訪問回数を増やすなど、よりきめ細かなフォローを行うような指示をされることもあるでしょう。

報告書には、日報、週報、月報といった定期的な提出を要するものをはじめ、会議報告書、出張報告書、クレーム報告書などのように、必要に応じて提出するものもあります。いずれも、提出のタイミングが大切ですから、迅速な提出を心がけてください。

報 告書の書き方のポイント

○ 結論を始めに書き、1枚にまとめる

　報告書を書き始める前に、全体の構成を考えます。今までみなさんが慣れ親しんできた文章は、「起承転結」の順で書かれることが多く、結論が最後にきていたことでしょう。しかし、報告書は、結論から書いたほうが効果的です。結論の後は、結論に至った経緯や背景を書き、続いて今後の対策や見通しで結ぶようにします。

　また、作成にあたっては、全体を見渡せるものを最初にもってくるようにするのがコツです。概要をＡ４で１枚程度にまとめ、詳細については、別途資料を添付する形で説明すると、すっきりとしたわかりやすい報告書に仕上がります。

○ 正確に、丁寧に書く

　内容の正確さにも気を配ることはもちろんですが、誤字脱字をはじめ、誤った言葉の使い方をしないよう、細心の注意を払ってください。たとえ内容が正しくても、表記に誤りのある報告書は、とたんに信頼を失ってしまうものです。また、社会人として恥ずかしくないよう、相手との関係をわきまえ、礼儀正しい文章を書くように気を配りましょう。

ポイント1 適切な標題をつける

　一目見て、何が書いてあるのかがわかる標題をつけます。たとえば、単に「報告」としただけでは、何について書いてあるのかわからず、目を通すのを後回しにされてしまう可能性があります。「●●研修の報告」といった具合に、端的な標題を明示するよう心がけましょう。

ポイント2 1つの文を短くする

　文章を書くにあたっては、1つの文をできるだけ短くするようにします。欲張らず、1つの文で1つの用件を伝えるように意識するとよいでしょう。

ポイント3 箇条書きにする、改行をする

　ポイントを整理したいとき、また文章の中に入れ込むとわかりにくくなってしまうときなどは、箇条書きにすると効果的です。だらだらとつながっている文章は読みにくいものです。意味の切れ目などで、適宜、改行を行うように心がけましょう。

ポイント4 表やグラフを用いる

　データの羅列は非常に見にくく、その数が多くなるほど情報を読み取ることが難しくなります。表やグラフを取り入れて、視覚に訴える工夫をするとよいでしょう。

　報告書を作成する際は、一読して意図が明確に伝わること、誤解を招かないことを念頭に置くようにしましょう。

② 手紙の書き方・封筒の書き方

手紙の書き方

　今まで一度も手紙を書いたことがないという人はいないでしょう。しかし、ビジネス上で書く手紙はプライベートのものとは異なり、格式が重んじられ、一定の形式を要求されます。手紙には、封書と葉書の2通りがありますが、正式な手紙は封書で出すものと覚えておきましょう。便箋はカラーのものでなく、白無地のものを用います。

　手紙の構成は、前文から始まり、主文、末文と続き、後付で終わります。

○　前文

　前文は、頭語と時候の挨拶から成り立っています。

・頭語と結語(次頁図表1-6参照)

　頭語は、手紙の始めにくる挨拶の言葉です。時折、頭語を省略した手紙を見かけますが、礼儀に欠ける印象をもたれますので、きちんと使うようにしましょう。

　結語は、頭語と対になって手紙を結ぶ言葉をいい、決まった組み合わせで使います。たとえば、頭語が「拝啓」であれば、結語は「敬具」といった具合です。

・時候の挨拶(次頁図表1-7参照)

　頭語の後には、時候の挨拶が入ります。また、ご機嫌伺いの言葉を続けることも多いでしょう。

　時候の挨拶には、季節の言葉に「候」をつけたもののほか、「時下」のように、季節を問わずに使えるものもあります。もう少しやわらかい表現にしたい場合は、「春たけなわの季節となりましたが」「年の瀬も押し迫ってまいりましたが」というような口語調のものでもよいでしょう。

　その後に続くご機嫌伺いには、「貴社ますますご発展のこととお喜び申し上げます」「ますますご健勝のこととお喜び申し上げます」といった言葉が用いられます。前者は法人向け、後者は個人向けです。

図表1-6 頭語と結語の例

	頭語	結語
一般的な場合	拝啓	敬具
丁寧な場合	謹啓	謹白
返信する場合	拝復	敬具

図表1-7 時候の挨拶の例

1月	新春の候	7月	盛夏の候
2月	立春の候	8月	残暑の候
3月	早春の候	9月	初秋の候
4月	陽春の候	10月	秋涼の候
5月	新緑の候	11月	晩秋の候
6月	初夏の候	12月	初冬の候

○ 主文

主文は、手紙の用件を述べるところです。「ところで」「さて」などの起こし言葉に続けて、用件に入るのが一般的です。

○ 末文

末文は、結びの言葉と結語で成り立ちます。まずは、主文にあわせて、結びの言葉を選びます。今後の指導を願って、「今後ともご指導、ご鞭撻くださいますようお願い申し上げます」としたり、相手の健康を祈って、「寒さ厳しき折、くれぐれもご自愛ください」としたりすることが多いでしょう。また、礼状では「略儀ながら書中をもって御礼申し上げます」とお礼を述べたり、詫び状では「取り急ぎ書中をもってお詫び申し上げます」とお詫びを述べることもあります。最後は、頭語と対になった結語で結びます。

○ 後付

後付は、「日付」「署名」「宛名」から成り立ちます。「いつ」「誰が」「誰に」宛てた手紙なのかを示す部分です。

封書の書き方

封書の表には、郵便番号、住所、宛名を書きます。しかし、必要事項さえ書けばよいというわけではなく、書き方にはルールがあります。

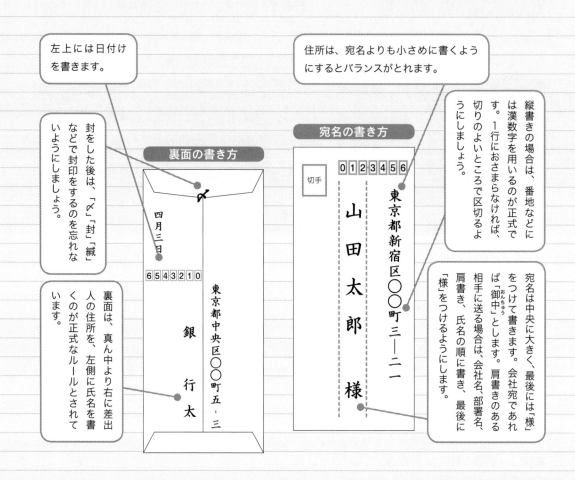

左上には日付けを書きます。

封をした後は、「〆」「封」「緘」などで封印をするのを忘れないようにしましょう。

住所は、宛名よりも小さめに書くようにするとバランスがとれます。

縦書きの場合は、番地などには漢数字を用いるのが正式です。1行におさまらなければ、切りのよいところで区切るようにしましょう。

宛名は中央に大きく、最後には「様」をつけて書きます。会社宛であれば「御中」とします。肩書きのある相手に送る場合は、会社名、部署名、肩書き、氏名の順に書き、最後に「様」をつけるようにします。

裏面の書き方

四月三日

6 5 4 3 2 1 0

東京都中央区〇〇町五 - 三

銀　行　太

裏面は、真ん中より右に差出人の住所を、左側に氏名を書くのが正式なルールとされています。

宛名の書き方

切手

0 1 2 3 4 5 6

東京都新宿区〇〇町三─二一

山田太郎　様

③ 文書のやり取りにおけるルール

ファクス

　ファクスは間違って送ってしまうと取り返しがつきません。そのため、特に、顧客情報が入ったものを送信する場合は、より慎重な対応が求められます。

　誤送信を防ぐ手だてとしては、たとえ頻繁なやりとりを行っている取引先への送信であっても、その都度ファクス番号の問い合わせを行うように義務づけたり、テスト送信をしてから本番送信を行うようにしたり、といったことが行われています。ファクス番号を2度入力しないと、送信されない機能を利用する金融機関もあります。

　また、送信直後に、ファクスが確かに届いているかを、先方へ電話で確認するように徹底しているケースもみられます。

パソコン・メール

　ログインの際はもちろん、さらに顧客データにアクセスする際にも、IDやパスワードを求められるようになっています。関係者以外が、勝手に顧客情報にアクセスすることができないと同時に、誰がどの情報を見たのかも把握されているといえます。

　外部メールの送信については、より慎重な取り決めが行われているのが一般的です。メールを送信することに上司の承認が必要であったり、CC（Carbon Copy）を入れないと送信できないようになっていたりします。

　メールを書く際に気をつけたいのは、メール本文には、用件のみを書くようにすることです。個人情報などは、パスワードをかけた添付ファイルに記載するようにします。また、パスワードは、メール本文に記載せず、別メールで送るようにします。

コピー・プリンター

　IDカードを通さなければコピーできない機能を利用している金融機関もあります。コピーしたものについても、書類の隅に、操作した人を特定できる番号や氏名そのもの、また日時などが印字されるようなシステムを採用する金融機関もあります。

　パソコンからプリントアウトしたものについても同様です。そこから誰がプリントアウトしたのかを把握できるようになっていることが少なくありません。

7 コミュニケーション

ビジネスにおいて、コミュニケーション能力は仕事の効率に直接反映されるものです。自分の意見や考えを相手に正しく理解してもらい、相手の話を上手に聴ける「会話力」を磨き、結果的により良い人間関係を築くことにつなげましょう。

① 聴き方・話し方

聴き方の基本

「話し上手は聴き上手」といわれます。上手に聴く技術はコミュニケーションの中でも特に重要です。磨いておきましょう。

○ メモをとる習慣

上司やお客さまとの打ち合わせなどでは、必ずメモをとりましょう。特に、数字、期日、人名などの固有名詞は必ず書いておきます。さらに、打ち合わせの最後に、メモを基に相手と確認をして決まったことを共有しておきましょう。そのメモもすぐに捨てるのではなく、その案件が終了するまで保管しておきましょう。

聴く姿勢

○ 適切な相づちを打つ

「あの人と話すと気分がいいなあ」と思わせる人は、相づちを打つのが上手な人です。相づちには次のようなものがあります。

①アイコンタクトやうなずくだけのもの。

②「はい」「ええ」「そうですね」「そうなんですか」などの短いもの。

③「おっしゃるとおりですね」「それは○○ということなんでしょうか」「興味深いお話ですね」といった相手の話の内容を受けた少し長めのもの。

○ しぐさに気をつける

無意識にしているしぐさで相手に不快感を与えないようにしましょう。

おっしゃるとおりですね

興味深いお話ですね

①手足をごそごそさせたり、落書きや貧乏ゆすり、ペン回しなどをすると、相手は落ち着かない気持ちになります。

②視線があちこちに動き、時計をチラチラ見たりする。または相手を一切見ないでPCの画面を見ながら会話をする。こうした態度は、きちんと聴いているのかなと相手に不安を与えます。

③逆に相手をじっと見つめ続けるのも、話し手は話しづらくなります。相手の目を70％ぐらい見て、30％は書類などに目をやるとよいでしょう。

④腕を組む、頬杖をつく、足を組む、相手を横目で見るなどの態度も、ビジネスシーンにふさわしくありません。相手に正対して、ややあごを引き、手は軽く机の上に置くようにしましょう。

会話を弾ませるには

○ "話題の引き出し"を持つ

皆さんがこれから話をする相手は、ほぼ100％が年上、中にはかなり高齢の方も含まれます。これまであまり興味をもっていなかった分野の話題にもついていけるよう、常に情報を収集して"話題の引き出し"を作っておきましょう。そのためには新聞や雑誌、テレビのニュースなどをまめにチェックしておきましょう。ただ、全くわからないことを言われたときには「不勉強で申し訳ありません。よろしければ教えてくださいますか」と素直に聞きましょう。

○ 最初の一言が肝心

雨の日に来店されたお客さまに「お足元の悪い中、わざわざご足労いただきありがとうございます」と言ったり、また、暑い日にいらっしゃったお客さまには「毎日本当に暑いですね。夏バテされていませんか」といった一言を添えるだけでも、心配りを感じさせることができます。また、たとえば、得意先の担当者が野球好きだったとします。打ち合わせの際、「昨日の試合よかったですね」などと一言言うと、得意先との距離もぐっと縮まります。最初に気の利いた一言を言えるようになるためには、普段からの観察眼と気配りがものをいうのです。

○初対面の人との接し方

初対面の相手に対しては、まずきちんと自分から名乗り、今日はどういう用件かを手短に説明します。その後、多少場を和ませてお互いの緊張を解くと、相手との距離を縮めやすくなります。そのためには、まずは当たり障りのないお天気の話や、「桜がだいぶ散ってしまいましたね。お花見にはいらっしゃいましたか」といった気候の話題が無難です。こうしたきっかけトークには、「木戸に立てかけし衣食住」が便利といわれます。

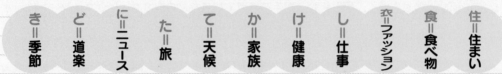

き＝季節　ど＝道楽　に＝ニュース　た＝旅　て＝天候　か＝家族　け＝健康　し＝仕事　衣＝ファッション　食＝食べ物　住＝住まい

ただし、政党や宗教の話題、またスポーツでも特定のチームの悪口などはタブーです。

また、先方の会社やお宅にお邪魔して窓からの景色がよければ「ここから○○公園の桜がよく見えますね」、観葉植物がたくさん置いてあれば「緑が多くてほっとするオフィスですね」などといった会話ができます。相手が珍しい腕時計をしていたら「時計、素敵ですね。お好きなんですか」といった会話も展開できるでしょう。このように日頃から相手を観察して、話題を探すトレーニングもしてみるといいでしょう。

COLUMN

セクハラ・パワハラ

セクハラは、性的な言動が発端になります。たとえば、上司からの個人的な誘いを断ったために、担当先の変更、意に沿わない先への転勤といった処遇を受けるなど、理不尽なことで、解雇、降格、減給等の不安がつきまとったり、職場環境の悪さを我慢しなければならなかったりしたら、セクハラではないかと疑ってみてください。

セクハラは男性から女性に対してだけ行われるものではありません。男性の容姿や異性関係について噂をしたり、男性に「男のくせに根性がない」などと口にしたりすることもセクハラに当たります。

一方、成績が振るわないことなどを理由に、やたらと上司に怒鳴られるといったケースは、パワハラに当たります。また、許容量を超える仕事を押しつけられ、それをこなせなかったために仕事ができないと決めつけられてしまったようなケースも、パワハラの可能性が大です。

多様な労働者が活躍できる働きやすい環境づくりは、日本経済が活性化するための重要な条件の1つ。そのため、企業に対してセクハラ、パワハラ（妊娠・出産・育児休業・介護休業等を理由とする解雇や減給、嫌がらせ等も含む）の防止対策を行うことを義務付けるなど法整備も進められています。

「セクハラ・パワハラを受けているかもしれない」と思ったら、まずは信頼できる先輩や上司に相談するとよいでしょう。行内に相談窓口があればそれを頼るのも一法です。また、ハラスメント対策についての総合情報サイト「あかるい職場応援団（厚生労働省）」（https://www.no-harassment.mhlw.go.jp/）などを利用するのもよいでしょう。一人で抱え込まずに、早めに相談することが肝心です。

② 職場の人間関係

上司との接し方

　上司や先輩にこちらから話しかけるのは、最初は勇気がいるものです。でも、話しかけられて嫌な気がする人はめったにいません。特に相談をもちかけると相手も頼りにされていると感じてうれしいものです。ただし、特定の上司にこびるような姿勢は禁物です。また、直属の上司以外から、何か指示を受けた場合は、必ず直属の上司に報告しましょう。

　上司とともに外部の方と会うときなどは、上司が話すのを黙って聞き、出過ぎたことを言わないようにしましょう。発言を求められたら、謙虚に上司に向かって話すようにすると、上司を立てる姿勢を表し、外部の方にも良い印象を与えることができるでしょう。

　また、上司は年上ばかりとはかぎりません。職場には、年下の先輩も存在することがあります。その方たちにももちろん先輩として敬意を表し、言葉づかいなどにも気をつけましょう。

　苦手な上司がいても、マナー、挨拶、敬意だけは忘れずに。また、「上司の指示どおりにやれと言われてやったら叱られた」というようなことも、たまにはあります。このようなときには、「私の勘違いかもしれませんが……」と、プライドを傷つけない言い方を心がけましょう。

トラブルが起きたとき・困ったときは

　仕事で失敗をしたらすぐに上司に報告し、素直に謝ります。叱られるときは、相手の言うことを最後まで黙って聞きます。もしも相手に誤解があるようなら、相手の話が終わってから「恐縮ですが、少し説明させていただいてもよろしいでしょうか」などと謙虚に話します。

　行内での不正行為などに気づいたときには、まずは、不正行為に無関係な、信頼できる上司か先輩に相談しましょう。また、不正行為を隠ぺいするよう上司に言われたら、毅然とした態度で断りましょう。

　また、どんなに不満がたまっても、職場内での陰口は厳禁です。言いたいことがあるときは、本人に向かって正々堂々と、感情的にならないように伝えましょう。噂話、悪口の輪に入らないようにも気をつけましょう。もしそのような話が周囲で始まったら、同意せずにその場をさりげなく離れたほうがよいでしょう。

　いじめにあったときには、とにかく仕事はいつも以上にきちんとしましょう。また、信頼できる先輩や上司、相談窓口に相談しましょう。ＮＰＯや労働基準監督署でも受け付けています。

③ お客さまとのトラブルやクレームにあったら

ク レーム対応の流れ

　新入行職員はお客さまのクレームに接する場合、初期対応を担当することが多いと思われます。複雑な案件は上司や先輩方に引き継いでお願いするとしても、最初の対応に問題があれば、お客さまの印象が悪くなり、余計にこじれることになりかねません。そのためにも、クレーム対応の基本を身につけておきましょう。以下は、クレームを受ける際の流れです。

1 お客さまの話を聴く

　まずは、お客さまの話を途中でさえぎらずに、最後まで黙って聴きます。間違っても反論をしないようにしましょう。またその際、メモをとると引き継ぎのときに役に立ちますし、相手に真剣に聴いているという印象を与えます。

2 事実を確認する

　話を聴き終えたら、その内容を復唱し、お客さまにそれでよいか確認します。ここで、お客さまの勘違いであることがわかった場合、次の手順3＊、4＊ をふみます。お客さまの誤解を解く説明を丁寧に行い、「私どものご説明がよくなかったかもしれませんね」と相手を立てましょう。最後に「ご納得いただけてよかったです」と添えるとよいでしょう。

3＊ お客さまの勘違いについて説明する

4＊ 誤解が解けてよかった旨を伝える

3 話に共感する

　クレームを言ってくるのは、お客さまが本当に困ったからです。まずは、その気持ちに共感し「それは大変な思いをさせてしまいました」「ご面倒をおかけしました」など、お客さまの気持ちを受け止めることも大切です。

④ 謝罪する

お客さまに謝罪をします。たとえ自分が関係していないことでも、自行や支店を代表してお詫びをします。このとき気をつけるのは、状況がはっきりするまでクレームの内容に対する謝罪は避けることです。後になって、「あのとき、そちらのほうが悪かったと認めた」などと言われ、組織を不利な立場に追い込むことになりかねないからです。

ここではあくまで「ご不快な思いをおかけし申し訳ございません」「ご迷惑をおかけして申し訳ありませんでした」など、不快な思いをさせたことに対しての謝罪をします。

⑤ 対処法をお客さまと一緒に考える

難しい案件の場合は、「お話はよくわかりました。申し訳ありませんが、ここから先は上の者が対応させていただきます」と言って、上司や先輩方に引き継ぎましょう。自分で処理できそうな案件の場合は、一方的に解決策を決めるのではなく、いくつかの選択肢を提示してお客さまに選んでいただくか、お客さまの都合を聞きながら対策を一緒に組み立てましょう。上司に報告することも忘れてはいけません。

⑥ ほかに問題がないか確認する

解決策を決めた後で、「ほかに何かお困りのことやお気づきの点はありませんでしょうか」と確認します。クレームを受けたお客さまの心証を逆転させ、今後へつなげるチャンスにもなるでしょう。

⑦ 指摘してもらったお礼を伝える

最後に「今日はありがとうございました。今後、お客さまの貴重なご意見を参考にさせていただきます」と問題を指摘してくれたお礼を伝えます。

なお、相手が感情的になっていて、収拾がつかなそうなときは、「人」を変える、「場所」を変える、「時」を変えるのが有効と言われています。上司に代わる、応接室などにご案内する、日を変えて改めてお詫びに伺うなどの対応を試みましょう。

電話のときの注意点

・電話はお互いの表情が見えない分、対面のときよりも相づちをきちんと打って「しっかり聴いています」という姿勢を示すことが重要です。

・たらい回しにされて何度も同じことを聞かれるのは、不愉快です。適切な部署、担当者に早く引き継ぐようにし、それまでに聴いた話を要約して伝えます。

・お客さまの質問に対して即答できないときには、「お調べしてこちらから折り返しご連絡させていただいてもよろしいでしょうか」と聞いて、いったん電話を切りましょう。調べたあとは、なるべく早めにかけ直します。

クレームへの対応例

One Point manner

何気ない一言が、お客さまの怒りに火をつけることがあります。ここでは、言ってはいけない言葉、適切な言葉をチェックしておきましょう。

お客さまのクレーム	言ってはいけないことば	適切なことば
この前の担当者が言ったことと、パンフレットに書いてあることが違う。	そんなはずはないと思いますが…。／本当にそんなことを言ったんですか。おかしいなあ。	担当者のご説明が悪かったかもしれません。もう一度ご説明させていただいてもよろしいでしょうか。
長い間、窓口で待たされている。	順番にお呼びしていますから、もう少しお待ちください。／皆さんにお待ちいただいていますから。	本日は店が混雑しておりまして、ご迷惑をおかけして申し訳ございません。もう少々お時間をいただけませんでしょうか。
ほかの担当者が電話連絡をくれると言っていたのに、まだ連絡が来ない。	たぶん忙しかったんだと思います。／まだ新人なもので…。忘れちゃったのかもしれませんね。	大変申し訳ございません。すぐにご連絡させるように伝えます。いつ頃がご都合よろしいでしょうか。
先日の担当者の対応が感じ悪かった。（電話）	こちらはそういった部署ではありませんので、カスタマーセンターにお電話をお回しします。	大変失礼いたしました。こちらでお話を伺うこともできますが、よろしければ担当部署の者から折り返しお電話をさせていただいてもよろしいでしょうか。

　お客さまとのトラブル対応で大切なことは、
①お客さまのプライドを傷つけない
②お客さまの話を疑わない
③たらい回しにしない
④言い訳をしない
⑤自分以外の人間のミスでも、同じ組織の人間として自分が責任をもって対応する
ということです。

COLUMN

反社会的勢力との取引排除

　反社会的勢力とは、暴力や威力と詐欺的手法を駆使して経済的利益を追求する集団や個人のことをいいます。具体的には、暴力団や暴力団員、暴力団準構成員、暴力団関係企業、総会屋等が該当します。現在では、多くの企業が反社会的勢力と一切の関係を持たないことを掲げています。特に金融機関が担っている公共的使命と社会的責任からすれば、反社会的勢力との関係遮断が必要です。

　金融庁の監督指針、各銀行の銀行取引約定書、預金約款にも反社会的勢力との取引を行わない旨が規定されています。取引先やお客さまが反社会的勢力でないことの表明・確約のために、申込書等に署名捺印を徴求するなど各銀行所定の手続きが定められています。

8 オンラインでのマナー

ZOOMやTeamsなどのアプリケーション（以下アプリ）を使用して他者と会話をする機会がコロナ禍以降増加しました。オンラインでの打ち合わせや会議の際のマナーについては、確立された決まりのようなものはまだありません。ただし、次のようにオンライン上で時間を共有している相手に対する配慮として、いくつか工夫できる点があります。

オンラインに限らず、マナーで大切なことは、相手に違和感を抱かせないことです。対面で会っているときと同じような環境をつくり、オンライン上で生じるデメリットを極力排除するためのポイントを3つご紹介します。

1 対面時と同じような環境作り

目線

原則カメラはONにして、カメラの位置が自分の眼と平行になるように置きます。机に置いたパソコンの前に座ると、通常は眼の位置よりカメラが低くなります。その状態だと、相手を見下ろすような目線になってしまうので、パソコンの下にものを置くなどしてパソコンの位置を高くします。

服装

対面で会っているときと同じ服装で臨みましょう。

背景

オンラインの画面に映るのは、顔と上半身、そして背景です。映るものすべてが自分の情報となるので、余計なものが映り込まないようにします。生活感やプライベート空間であることが伝わるような背景はビジネスに相応しくありません。難しい場合には背景をぼかしたり背景を指定した画像に設定することもできます。

照明

　自分の表情が明るく見えるように室内の照明とカメラの位置に配慮します。たとえ室内が明るくても自分の背後から差す光は顔うつりを暗くします。カメラのほうから相対的に多くの光が入るように工夫しましょう。

② 対面では起こり得ない事態を防ぐ

ネットワーク環境

　時間に余裕をもってアプリを立ち上げ、接続や音声・ビデオが機能しているかを確認しましょう。立ち上げようとしたときにアプリのアップデートが自動的に開始され、思わぬ時間ロスが起こることもあります。

集中を妨げる要因の排除

　できるだけ静かな環境を整えます。自分が話すとき以外はマイクをミュート（マイクOFF）にしておくのが一般的ですが、集中して相手の話を聞けるよう、電話や玄関のチャイム、家族の生活音などを最小限にする工夫をしておきましょう。たとえば、ポストに「会議中なのでチャイムを鳴らさず〇〇してください」といった張り紙をしたり、会議の時間を同居の家族に知らせておくこともできます。周囲の音を拾いにくいヘッドセットを用意するのも一つの方法です。

③ 双方向のやり取りへの配慮

話し手として

　対面であれば、五感も使えますし相手の表情を確認しながら伝えられますが、オンラインの画面上では限界があります。聴き手に内容が正確に伝わるよう短く簡潔に話をします。加えて、チャットや画面共有機能を活用したり、複雑な内容はあらかじめ書類にまとめてメールで送信しておくのも一つの方法です。

聞 き手として

　対面時以上にリアクションを大きくします。うなずく・表情・メモを取る、など聞いていることを理解した様子が画面を通して視覚的に伝わるようにします。発言する際は、参加者の人数にもよりますが、手挙げ機能を使用したり、実際に手を挙げて発言の意志を伝えたうえで行いましょう。

　最後に、オンラインならではの工夫ポイントをご紹介します。

　対面であれば自然に醸し出せるニュアンスや空気感の代わりにオンラインで表現できるのが自分の背景です。

　あるアナウンサーの方が自分の話に説得力を持たせるために、背景がリアルであるよう心がけていると話していました。たとえば、パソコンのカメラを斜め上にあげると、背景の柱は斜めに、角度によっては天井が映ります。ぼかしたり非現実的なバーチャル画面も現実世界では起こりえません。現実に会っているときに起こりえない背景は相手に無意識に違和感を与えます。それが話す内容の信憑性に影響することを懸念しているのです。

　むしろ背景は自分を表現する道具の一つと考え、積極的に自分らしさを表現する要素ととらえて準備することをおすすめします。

第1章　マナー編

第2章　業務編

第3章　知識編

金融機関行職員に役立つ資格・知識

　自分のビジネススキルを向上させるために、金融機関の業務で役立つ資格や知識を身につけていきたいものですね。まずは、どのような業務に役立てたいのか、目的をはっきりさせましょう。

　たとえば、投資信託の販売に力を入れる金融機関が多くなっているなか、有価証券の募集や売買の勧誘などの営業活動を行う際に必須なのが、「(証券)外務員」資格です。資産に応じた貯蓄・投資等のプランの立案・相談に必要な技能を身につけるには、「ファイナンシャル・プランニング」資格も役立ちます。幅広い知識から、お客さまのライフプランに基づいたコンサルティングができるようになるでしょう。

　銀行などの金融機関に勤める方にお勧めしたいのが、「銀行業務検定」です。法務・財務・税務・年金など30種目以上の科目があり、その知識の習得程度を確認することができます。預金、手形・小切手、融資または内国為替に関する金融法務知識について学ぶには「法務」、企業の財務諸表を理解し、取引を深めていくために活かすなら「財務」、これから増えていくシニア層の年金相談に応じるには「年金アドバイザー」といった具合に、自分の目指したい方向性に合った各種検定を探すとよいでしょう。

　検定に合格するという目標を持つことによって、効率的に知識を習得することが可能になります。

　業務に関連する資格や知識はさまざまで、ここで紹介するものはほんの一部です。しかし、どのような分野であっても、積極的に学び続けることが、自分自身を高めるのはもちろん、お客さまの幸せや自行の利益にも結びつくことになるでしょう。

〈参考〉
日本証券業協会:
https://www.jsda.or.jp/
日本FP協会:
https://www.jafp.or.jp/
銀行業務検定協会:
https://www.kenteishiken.gr.jp/

第2章
業務編

　皆さんは実際にATMの利用や窓口での振込みなど金融機関を利用したことがあるでしょう。しかしそれは、目に見える部分のみで、金融機関の仕事の一部にすぎません。金融機関ではどんな仕事をしていて、自分はどんな仕事をするのか、詳しく見ていきましょう。

金融機関の業務とその役割

　銀行や信用金庫などの金融機関には、主に「資金仲介機能」「資金決済機能」「信用創造機能」の3つの役割があります。金融機関は、これらの役割を通して、経済活動を円滑にするという公共性の高い仕事を行っています。

❶ 金融機関の役割

金融システム

　金融とは、余っているお金を、足りないところへ融通することをいいます。

　図表2-1のように、お金は「家計」「企業」「国」「金融機関」の間を行き交っています。これを、「金融システム」といいます。金融システムがきちんと機能すると、お金の循環がよくなり、経済活動の促進を期待することもできます。この金融システムの中心に位置するのが金融機関なのです。

図表2-1　金融システムのイメージ

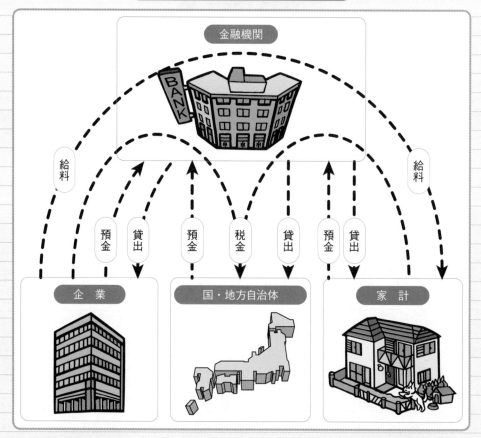

金融機関の3つの役割

金融機関の主な役割は、「資金仲介機能」「資金決済機能」「信用創造機能」の3つです。

○ 資金仲介機能

資金仲介とは、お金が余っている人（貸し手）とお金が足りない人（借り手）の間に入って、その仲をとりもつことをいいます。銀行をはじめとする金融機関は、余っているお金を受け入れる預金業務と、資金が不足している先への貸出業務を行うことで、資金仲介の機能を果たしています。

たとえば、どんなによい建築プランがあったとしても、お金が足りなければ家を建てることはできません。すばらしいアイデアをもった企業があったとしても、資金なしにそれを商品化することは難しいでしょう。

このようなとき、金融機関がお金を融通することができれば、多くの個人や企業の夢をかなえることが可能になります。貸し手と借り手を結び付けて資金を融通する金融機関の役割は、とても重要だということがおわかりいただけると思います。

図表2-2は、金融機関が、お金が余っている人（貸し手）から預金として資金を受け入れ、お金が足りない人（借り手）へ融通する流れを示したものです。貸出によって得た利子は、必要なコストなどを差し引いたうえで、貸し手（預金者）へ還元されます。金融機関は、貸し借りの仲立ちをするにあたって、貸し手には利子を支払い、借り手からは利子を受け取ります。この支払う利子と受け取る利子の差額が、金融機関の中心的な収益となっているわけです。

皆さんも、お年玉やアルバイトで貯めたお金を、金融機関に預けた経験があることでしょう。そのときに利子も受け取りましたよね。これからは、個人的に必要に応じて住宅ローンや教育ローンなどで、お金を借りることがあるかもしれません。お金を借りるわけですから、利子を支払うことになります。

また、多くの企業は、事業に必要な設備投資資金や運転資金などを金融機関からの借り入れで賄っています。

このように、金融機関は、資金の仲介サービスを通して資金を融通することに役立っているのです。

図表2-2 資金仲介のイメージ

○ 資金決済機能

　資金決済とは、直接に現金を用いずに口座間の資金移動で決済（取引を完了させること）を行うことをいいます。金融機関は、口座振替や送金といった方法で、資金決済機能を果たしています。

　皆さんも、公共料金の支払いやアルバイト代の受け取りに、金融機関の口座を利用したことがあるでしょう。また受験料や会費などを、いずれかの口座宛てに送金したこともあるかもしれません。支払いのために遠方まで出向く必要もなければ、危険を冒して自ら大金を運ぶ必要もなく、口座を介してお金の受け渡しができるので便利です。

　ほかにも、手形、小切手、クレジットカードなどの決済を行うために、金融機関の口座は利用されています。資金の決済機能は、私たちの生活の利便性の向上や取引の安全のために、欠かすことができないものとなっています。

図表2-3　資金決済機能のイメージ

○ 信用創造機能

　信用創造とは、預金の受け入れと貸出を繰り返すことによって、最初のお金の何倍ものお金を生み出すことをいいます。

　預金を受け入れた金融機関は、その一部を支払準備のために手元に残して、残りは貸出に回します。貸し出されたお金は、取引に使われた結果、その多くが預金の形で金融機関の口座に戻ってきます。そこで金融機関は、再びその一部を手元に残し、資金を必要としている先への貸出を行います。

　このように、預金と貸出を繰り返すことで、流通するお金の量は何倍にも増えていきます。その結果、金融機関のビジネスの可能性は大きく広がりますし、何より経済にも大きな影響を与えることになるのです。

図表2-4　信用創造機能のイメージ

間接金融 と 直接金融

資金調達の方法は、大きく「間接金融」と「直接金融」に分けることができます。

○　間接金融

間接金融は、貸し手と借り手の間を金融機関がとりもち、資金を融通する方法です。利用側はそれぞれ、金融機関にお金を預けることで貸し手となり、お金を借りることで借り手となります。

間接金融において、貸し手と借り手が直接取引をすることはありません。貸出は、あくまで金融機関の判断で行われるため、そのリスクは金融機関が負うこととなります。

図表2-5　間接金融

利用者　　　　　　　　　銀行などの金融機関　　　　　　　企業など

○　直接金融

直接金融は、第三者を介することなく取引を行う方法をいいます。たとえば、国債や社債といった債券（国や企業などが資金調達をするために発行する有価証券）が対象となります。貸し手は、債券を購入することで、その債券を発行した国や企業などへ直接資金を貸し付けることになります。一方、債券の発行体からみれば、債券を購入した先からの借り入れということになります。

直接金融が間接金融と異なるのは、資金の貸し手がどこにお金を貸すかを自ら判断し、その結果についての責任を負うことです。実際には、両者が直接やりとりを行うわけではなく、証券会社が、両者を結び付ける窓口の役割を担っています。しかし、証券会社はあくまで窓口であり、リスクを負うことはないため、間接金融とは大きく異なります。

図表2-6　直接金融

利用者　　　　　　　　　　　　　企業など

❷ 金融機関の種類

　金融機関は、中央銀行である日本銀行と政府系金融機関、民間金融機関の大きく3つに分類することができます。ここでは民間金融機関にスポットを当て、民間金融機関にはどのような形態のものがあるのか、どのような特徴をもっているのかをみてみましょう。

民間金融機関の種類

　民間金融機関は大きく、預金業務を行う「預金取扱金融機関」と、預金業務を行わない「非預金取扱金融機関」に分類されます。預金取扱金融機関には、普通銀行や信託銀行のほか、中小企業を主な取引対象とする「中小企業金融機関」、農林漁業を主な取引対象とする「農林漁業金融機関」があります。これに対して、非預金取扱金融機関としてあげられるのは、証券会社や保険会社等です。

図表2-7　金融機関の種類

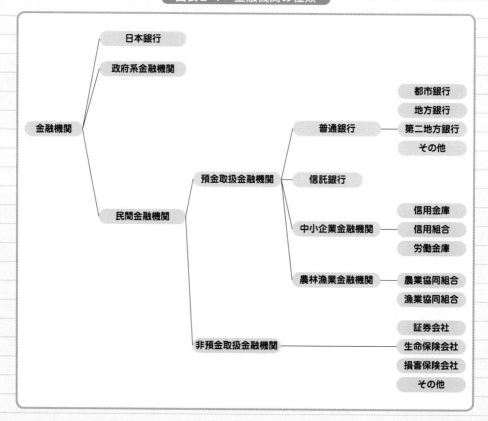

普通銀行

　普通銀行は、「銀行法」に基づいて設立された銀行です。都市銀行、地方銀行、第二地方銀行などがあり、主な業務は預金を受け入れること、資金を貸し付けること、そして為替の取引です。

　都市銀行は、大都市に本店を構え、全国に支店を展開して業務を行う金融機関です。その規模の大きさから、大企業などへの貸出に強みを発揮してきましたが、今では、大企業だけでなく、地元の企業や個人とも幅広い取引を行っています。

　地方銀行は、地方都市に本店を構え、本店のある都道府県もしくは隣接地域に密着した経営を行う金融機関で、「地方銀行（地銀）」と「第二地方銀行（第二地銀）」の2つがあります。このうち、地方銀行は「全国地方銀行協会」に所属する金融機関をいいます。地方自治体の指定金融機関となっていることも多く、また地場の有力企業との取引にも強みをもっています。

　第二地方銀行は、「第二地方銀行協会」に所属する金融機関をいいます。第二地方銀行の多くは、相互銀行（中小企業と専門に取引をする銀行）であったものが普通銀行に転換して今の形態になっています。

信託銀行

　信託銀行は、普通銀行と同じように銀行法に基づいて設立されていますが、あわせて「兼営法」の認可によって信託業務を行うことも認められています。信託とは、委託者（財産などを預ける人）が、自分の財産を信頼できる他人（受託者）に移転し、自分の指定した人（受益者）のために財産を管理・処分させることをいいます。

中小企業金融機関

　中小企業を主な取引対象とする金融機関には、信用金庫、信用組合、労働金庫などがあります。業務内容は、普通銀行とほぼ同じです。しかし、普通銀行が営利を目的とする法人であるのに対して、信用金庫や信用組合などは、営利を目的とせず、相互扶助を目的とした協同組織型の金融機関となっています。また、それぞれの根拠法や会員（組合員）の資格が異なります。

　信用金庫は、「信用金庫法」を根拠に設立された金融機関で、一定の範囲内（地域内）にある中小企業や、個人との取引をメインとする地域密着型の金融機関です。預金の受け入れに制限はないものの、貸出は原則として会員に限るなどの制限があります。

　信用組合は、「中小企業等信用組合法」を根拠に設立された金融機関です。同時に、「協同組合による金融事業に関する法律」によっても規制を受けています。組合員の特性によって信用組合の営業エリアに居住したり、事業を営んだりする組合員を対象とした「地域信用組合」、同じ事業を営む組合員を対象とした「業域信用組合」、同じ職場に勤める組合員を対象とした「職域信用組合」の3つに大別されます。預金ができるのも、原則として組合員に制限されています。

2 金融機関の3大業務

金融機関の3大業務は、「預金」「融資」「為替」です。近年は、これらに加えて、景気の波に影響を受けにくく、コンスタントな収益を見込むことができる、「預かり資産」(86頁参照)の販売などの各種サービスに力を入れる金融機関が増えています。

① 預金業務

預金契約

預金業務は、「受信業務」ともいわれるように、金融機関が信用されていなければ成り立たないものです。

○ 預金契約の性質

金融機関は預かった金銭などをそのまま手元に保管せずに、貸出にまわすなどして運用しています。これは、預金契約が、寄託契約の中でも「消費寄託契約」とされるためです。消費寄託契約とは、受寄者(受託者=ここでは金融機関)が、受寄物(受託物=ここでは金銭)をそのまま保管するだけでなく、消費できる契約をいいます。そのため、金融機関は、預かった預金を消費する、つまり運用することが可能になっているのです。

なお、消費寄託契約においては、寄託物の返還は、寄託されたものと同種類・同品質・同数量のものをもって行うとされます。しかし、たとえば、千円札や五百円玉などで受け入れたものを、同額の一万円札で払い戻すことは可能で、必ず同一の貨幣・紙幣を返還しなければならないわけではありません。

○ 預金約款

預金契約には原則として民法が適用されますが、民法には詳細な規定がありません。だからといって預金契約を結ぶお客さまと個別に契約を取り決めていては、日々の業務が円滑に進まないでしょう。そこで、金融機関では一定の約束事を「約款」として定め、それに基づいて預金取引を行っています。

○ 払戻請求権

預金契約の成立後、預金者は預けたお金の払い戻しを請求する権利をもちます。実際には、いつでも払い戻しを要求できる「要求払預金」と、一定期間払い戻しを要求することができない「定期性預金」がありますので、それぞれに応じた払戻請求権を行使することになります。一方、金融機関側は、預金者の請求に応じて、預金を払い戻す義務を負うことになります。

なお、預金契約の終了にあたっては、預金者の「解約したい」などの申し出に金融機関が応じることに加え、金銭などの引き渡しが行われることが必要です。

預金の種類

○ 要求払預金

　要求払預金とは、預金者からの請求があればいつでも払戻しができる預金をいいます。

　商品として広く馴染みがあるのは、「普通預金」です。普通預金はいつでも出し入れができ、決済用の口座としても広く使われることから、「お財布代わり」などといわれます。

　「当座預金」は、小切手や手形を支払うための資金を預け入れる預金で、主に企業の決済口座として利用されています。ほかにも、下図(図表2-8)のような種類があります。

○ 定期性預金

　定期性預金は預け入れてから一定期間が経過した後に、はじめて払戻請求をすることができる預金で、下図(図表2-8)のような種類があります。

○ 預金利率

　預金利率は、金利情勢にもよりますが、預入期間が長いものほど高く設定されているのが一般的です。金融機関は、預金を運用するにあたって、いつ払戻請求があるかわからない普通預金のような要求払預金をあてにすることはできません。しかし、定期性預金であれば、一定期間は金融機関側にとどまることがわかっていますから、利用価値は大きくなります。これが定期性預金に適用する利率を高くすることができる理由です。

図表2-8　預金の種類

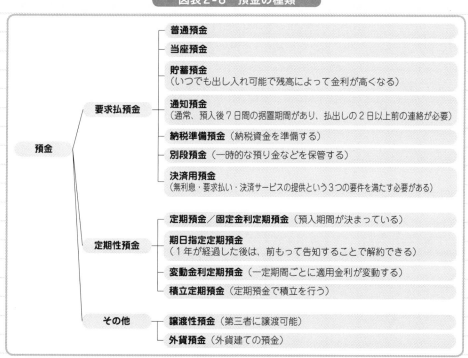

預金

要求払預金
- **普通預金**
- **当座預金**
- **貯蓄預金**（いつでも出し入れ可能で残高によって金利が高くなる）
- **通知預金**（通常、預入後７日間の据置期間があり、払出しの２日以上前の連絡が必要）
- **納税準備預金**（納税資金を準備する）
- **別段預金**（一時的な預り金などを保管する）
- **決済用預金**（無利息・要求払い・決済サービスの提供という３つの要件を満たす必要がある）

定期性預金
- **定期預金／固定金利定期預金**（預入期間が決まっている）
- **期日指定定期預金**（１年が経過した後は、前もって告知することで解約できる）
- **変動金利定期預金**（一定期間ごとに適用利率が変動する）
- **積立定期預金**（定期預金で積立を行う）

その他
- **譲渡性預金**（第三者に譲渡可能）
- **外貨預金**（外貨建ての預金）

❷ 融資業務

　預金業務が受信業務といわれるのに対し、融資業務は貸出先に信用を与えることから「与信業務」といわれます。融資は、金融機関の業務の中でも、その根幹を成すほど重要で、収益の柱となるものです。融資を行う際は、資金を確実に回収できるかなどについて、慎重な判断が求められます。さまざまな観点から融資の可否を判断するためにも、その基準となる「融資の5原則」を知っておくことが大切です。

融資の5原則

1 安全性	融資した資金は、確実に回収できる安全なものでなければなりません。融資先の将来性や信用状態の調査をしっかり行い、返済能力と返済意思を見極める必要があります。あわせて、万が一に備えて担保や保証を付けるといった措置も欠かせません。
2 収益性	金融機関は公共性が高いとはいえ、民間の企業です。収益を上げなければ、存続も危ぶまれるでしょう。しかし、目先の収益だけにとらわれることなく、融資を行うことによって得られる、他のメリットを考慮するなど、広い視点から物事をとらえることが必要です。
3 公共性	金融機関は、預金者から集めた資金を融資にまわしています。そのため、融資が国民経済の発展に役立つか、また反社会的勢力への融資は行わないなど社会的な要請に合っているかを、十分に考慮しなくてはなりません。
4 流動性	融資の原資は預金です。預金は流動性が高いものが多いため、融資は、長期に固定することを避け、できるだけ早く回収すべきとされています。
5 成長性	融資をした取引先が成長すると、自らの成長も促進されると考えられます。いくら他の原則にあてはまるものであっても、融資を行うからには、企業の成長や発展に役立ち、さらには、自行の成長や発展にもつながるものでなければならないとされています。

融資の方法

　融資の方法は、大きく「貸付」と「手形割引」の2つに分けることができ、貸付には、「手形貸付」「証書貸付」「当座貸越」があります。

　また、金融機関では、資金需要の掘り起こしなどに結びつけるためにも、そのネットワークを生かした取引先の事業や経営の支援につながるさまざまなコンサルティング業務も行っています。具体的には、取引先の事業拡大や事業多角化をサポートするためのビジネスマッチング業務やM&Aアドバイザリー業務などがあります。

図表2-9　融資の種類

資金の融資

融資

貸付

手形貸付
借入先に、借用証書の代わりに約束手形を差し入れてもらう方法です。融資は、借入先が金融機関を受取人とする約束手形を振り出し、金融機関がこれを買い取る形で行います。主に企業の運転資金など、短期の借入れに用いられる方法です。

証書貸付
借入先に、署名捺印した借用証書（金銭消費貸借契約証書）を差し入れてもらい、融資を行う方法です。借用証書には、融資金額、金利、返済期日、返済方法など、融資条件の詳細を記載します。主に企業の設備資金など、比較的長期の借入れに利用される方法です。個人であれば、住宅ローンが代表的でしょう。

当座貸越
あらかじめ貸越限度額を設定しておき、その範囲で融資を行います。限度額までであれば、当座預金の残高を超えて振り出された小切手や手形の支払いをする方法です。また、総合口座においては、普通預金の残高を超えた払戻しを一定金額まで行います。カードローンも当座貸越の1つの形態です。

手形割引
取引先が取得した手形を、金融機関が買い取ることをいいます。買取の際は、額面金額から、手形期日までの利息相当分（割引料）を差し引きます。手形割引の対象は、商取引の代金決済のために振り出される商業手形が一般的です。

資金以外による融資

支払承諾（債務保証）
取引先の債務を保証するものです。保証を引き受けると、取引先の事業がスムーズにいくことを期待できる一方で、返済が滞った場合に、金融機関が保証債務を負うことになります。

コミットメントライン
約束（コミット）した範囲で、求めに応じて融資を約束するものです。取引先は資金の流動性が高まり、金融機関側は枠の設定に対して手数料を受けることができるなどのメリットがあります。

貸付有価証券
金融機関の保有する有価証券を取引先に貸し出して貸与料を受ける方法です。

❸ 為替業務

為替業務は、給料振込や公共料金の支払いなど、私たちの生活に密着している欠かせないものです。現金を介さず、金融機関のさまざまなオペレーション等を通じて、金銭上の債権・債務を決済したり、資金移動を行ったりするため、業務遂行にあたっての責任は重大です。

「金銭上の債権・債務を決済する」ということについて、通信販売で購入した品物の代金を、品物到着後に振り込むケースで考えてみましょう。この場合、品物を送った人はお金を払ってもらう「債権」をもつ人、買い物をした人はお金を支払う「債務」を負う人です。この債権・債務の関係は、買い物をした人が品物を送った人の口座にお金を振り込むことで精算されます。これが、「決済する」ということです。

為替業務は、国内でやりとりされる「内国為替」と、外国との間でやりとりされる「外国為替」に分けられます。業務の概要を知っておきましょう。

内国為替

内国為替の業務は、「送金為替」と「取立為替」に大別できます。

○ **送金為替**

送金為替は、送金を行う人が、金融機関を介して受取人に資金を送ることで、貸借を決済する方法です。

甲が乙に送金する場合の流れは次のとおりです。

まず、甲がA銀行に対して、乙への送金（振込）を依頼します。甲から送金依頼を受けたA銀行は、乙の取引銀行であるB銀行に対して、乙への支払いを依頼します。B銀行は乙の口座に入金します。

図表2-10　送金為替

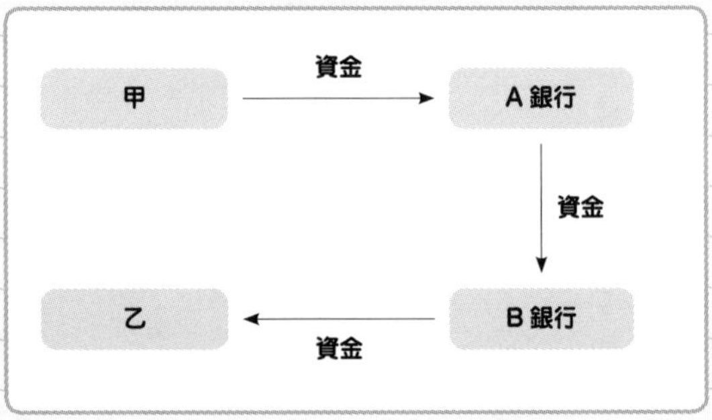

○ **取立為替**

取立為替は、手形や小切手を所持する人が、金融機関を通じて、手形や小切手の代金を取り立てる方法です。

たとえば、甲が乙から手形の代金を取り立てるとしましょう。甲から取立の依頼を受けたA銀行は、乙の取引銀行であるB銀行に対して、代金の取立を委託します。それを受けたB銀行

は、乙に対して支払いを請求のうえ、取立を行うといった流れです。

金融機関間の手形・小切手の交換（取立）事務（各地の手形交換所で人手を介して搬送）は、全国銀行協会が2022年11月に設立した「電子交換所」により、手形等のイメージデータを送受信することにより完結します。金融業界は、政府で閣議決定された小切手の全

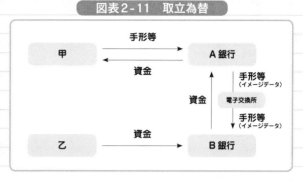

図表2-11　取立為替

面的な電子化などを受けて、政府・産業界と連携しながら2026年度までに手形・小切手機能の全面的な電子化を目指しています。

なお、紙を使わない金銭債権として「電子記録債権（でんさい）」があります。窓口金融機関を通じて、「株式会社全銀電子債権ネットワーク（通称　でんさいネット）」の記録原簿に発生記録を行うことで「でんさい」が発生します。譲渡記録をすることで「でんさい」を譲渡することもできます。必要に応じて「でんさい」を分割して譲渡することもできます。

○　全国銀行内国為替制度

為替取引が同じ金融機関の本支店間で行われる場合、本支店間の振替で資金を決済します。

一方、取引の相手が他の金融機関の場合は、「全国銀行内国為替制度」に基づいて取り扱います。全国銀行内国為替制度は、金融機関相互間における振込や送金などの内国為替取引を、一定のルールに基づいて公正、円滑に行うためのもので、全銀システム（全国銀行データ通信システム）を軸に為替業務を行っています。

なお、同制度には、銀行をはじめ信用金庫、信用組合、労働金庫、農業協同組合など、内国為替業務を取り扱うほとんどすべての金融機関が加盟しています。

外国為替

外国との間で取引が行われると、代金の受取りや支払いなどが発生します。外国為替においては、これらを決済するために、為替手形や電信送金などを用います。

為替手形とは、手形を振り出した人が、第三者である支払人に対して、受取人等に一定の金額を支払うように委託するものをいいます。

○　外国為替相場

通貨が円に限定される内国為替に比べ、外国為替の場合は円以外の通貨である外貨を使用します。そのため、円を外貨に交換したり、外貨を円に交換したり、などが必要です。その際は、異なる2つの通貨を交換する比率である「外国為替相場」を用います。

外国為替相場の建て方は、「邦貨建て相場」と「外貨建て相場」の2通りです。

邦貨建て相場とは、「外国通貨1単位について自国通貨がいくらに相当するか」といった表示

方法です。日本では、この邦貨建て相場を採用しています。みなさんも新聞などで、1米ドル＝○円といった表示を見たことがあることでしょう。一方の、外貨建て相場は、上記とは逆に、「自国通貨1単位について外貨がいくらに相当するか」を表しています。

お客さまに接する際に戸惑うことのないよう、今のうちにしっかり理解しておきましょう。

 手数料収入

さまざまなサービス

金融機関において、「非金利収入」が見直されています。

金融機関の収益の柱といえば、預金を受け入れて融資を行うことによる利ざや（預金金利と貸出金利の差額）でした。今でもそれは変わりませんが、近年では、景気に大きく左右される預金業務や融資業務のほか、「手数料収入」という比較的コンスタントな収益を見込める各種サービス業務に力を注ぐ金融機関が増えています。

為替業務やATMによる手数料収入などは、その代表的な例でしょう。以前は各行で一律だったこれらの手数料ですが、今では取引の状況に応じて設定額（率）を変えるなどの工夫を凝らし、メリハリをつけた対応がみられます。

ほかにも、金融機関が預託を受ける株式や債券、投資信託などの「預かり資産」の販売を拡大したり、従来は無料で提供していた両替などのサービスを有料化するなど、手数料ビジネスを拡大する金融機関が増えています。

預かり資産の販売手数料

資産運用ニーズの高まりも手伝って、金融商品の販売に力を入れる金融機関（ここでは預金受入金融機関を指す）が増えています。金融機関の店頭などで、投資信託や終身保険、個人年金保険をはじめとするさまざまな保険のパンフレットを見かけたことがある人も多いでしょう。

今ではお馴染みとなりましたが、実は、金融機関がこれらの商品を販売するようになってから、さほど年月が経っていません。投資信託の窓口販売が解禁されたのは1998年、個人年金保険の窓口販売が始まったのは2002年です。その後2007年には保険商品の窓口販売が全面的に解禁されました。

金融機関にとっては、これらの商品を取り扱うことにより、新しい手数料収入の道が開けているのです。たとえば、投資信託の販売において金融機関が得ることができるのは、「販売手数料」と「信託報酬」の2種類です。販売手数料は、販売を行うにあたっての手数料として金融機関が受け取るものです。これは、お客さまが投資信託を購入する際に負担する手数料で、そ

の額は投資信託ごと、申込金額ごとに設定されています。信託報酬は、投資信託を運用・管理するための対価として、販売会社、運用会社、受託銀行の3者に対して支払われる報酬です。投資信託を購入したお客さまがその保有期間を通して間接的に負担するものです。

両替手数料など

　以前は、たとえばお客さまがお店のつり銭を用意するために1万円札を100円玉に替えるという、日本円同士の両替は、対価をとることなく行ってきました。しかし、今では、一定以上の両替の場合には手数料をとるようになってきています。

　一方、外貨への両替については、従来から手数料を得ています。たとえば、円を外貨の現金に両替したり、外貨の現金を円に替えたりする場合の手数料があります。ほかにも、外貨預金を受け入れるにあたって円を外貨に替えたり、払い出しにあたって外貨を円に替えたりという手数料もあげられます。通常、外貨両替の手数料は、1通貨単位あたりいくらと決まっており、その額は通貨によって異なります。また、預金として受け入れる場合などよりも、現金の両替を行うほうが高くなっています。現金への両替については、空港や外貨両替を扱う店舗の窓口で、円を旅先の国の通貨に替えたことがある人も多いでしょう。帰国した際に、使わなかった現金を、再度円に替えた経験をもつ人もいるかもしれません。

　また、預金通帳・証書、契約証書、権利証、遺言書などの重要書類、貴金属・宝石、骨董品といった貴重品を保管する目的で専用の金庫を貸し出す「貸金庫業務」、税金などの出納事務を取り扱う「公金出納業務」をはじめ、法人向けにM&A（合併・買収）についての企画・提案を行ったり、その案件を推進するための支援を行ったりして手数料収入を得るケースもあります。

3 金融機関で扱う主な商品

現在、金融機関では、預金やローンはもちろん、投資商品や保険商品などを幅広く取り扱っており、お客さまの多様なニーズに応えることが可能となっています。ここでは、金融機関で扱う主な商品の基本的な特徴を確認しましょう。

❶ 預金商品

普通預金

1円以上・1円単位で、いつでも自由に預入れや引出しができる預金です。給与や年金の自動振込、公共料金やクレジットカードなどの自動引落しができるなど、おサイフ代わりに使えるのが特徴です。定期預金や国債などをセットして「総合口座」にすれば、一定範囲の自動融資を受けることも可能です。利子は毎日所定の方法で計算され、半年ごとに支払われます。利便性が高い反面、このあとに説明する定期預金に比べて、金利水準は低く設定されています。

利子が付かない決済専用の普通預金もあります。万一、金融機関が破たんした際、一般の普通預金は1,000万円とその利子しか守られませんが、決済用預金は全額保護されます。

金融機関によっては、残高に応じて段階金利を設定したり、一定残高以上であればATM手数料を無料とするなどのサービスを付加した普通預金を取り扱っているところもあります。

図表2-12　普通預金の商品概要

利用できる人	個人・法人
期間	定めなし
預入れ	1円以上　1円単位で随時
払戻し	随時
利子	適用利率…市場金利の動向等により随時見直し、毎日の店頭表示の利率を適用
手数料	キャッシュカードによる時間外の支払い等は原則として所定の手数料

定期預金

定期預金は、文字どおり、満期までの期間に定めがある預金です。期間は一般的に、1ヵ月から10年以内で設定されており、金融機関によってさまざまなバリエーションがあります。また、満期日を一定期間内で預金者が指定する「満期日指定方式」もあります。

一般的に、預入金額が300万円未満のものを「スーパー定期」、300万円以上のものを「スーパー定期300」、1,000万円以上のものを「大口定期」と呼びます。金利は預入時の金利が満期日まで適用される固定金利で、各金融機関が任意に設定します（半年ごとに金利が見直される

「変動金利型」の定期預金を扱っているところもあります）。原則的に金利は大口定期のように まとまった資金を預けるほうが、また同じ種類の商品なら預入期間が長いほうが、高く設定されます（大口定期は、金融機関とお客さまとの間で条件を決定）。

　定期預金は満期まで預けるのが前提ですが、預金者がやむを得ない事情で途中解約する場合は、所定の解約利率が適用されます。

　最近は、電話やインターネットを使って取引をする定期預金も増えています。商品性は窓口で扱われているものとほぼ同じですが、窓口の商品に比べて高い金利が設定されることが一般的です。また、金融機関によって、最低預入単位が100万円以上とされていたり、原則として途中解約ができなかったりする商品もあります。

図表2-13　定期預金の商品概要

利用できる人	個人・法人
期間	1ヵ月、3ヵ月、6ヵ月、1年、5年、10年など （預金者が一定期間内で満期日を指定する方法も可）
預入れ	スーパー定期…1円以上300万円未満　1円単位 スーパー定期300…300万円以上　1円単位 大口定期…1,000万円以上　1円単位
払戻し	原則として、満期日以降に利子とともに払戻し
利子	適用利率…預入時（継続時）の約定利率を満期日まで適用
満期時	自動継続または非継続（指定口座入金）から選択
特約	原則として18歳以上の個人は総合口座貸越の担保として利用可
途中解約	所定の解約利率により計算した利子とともに払戻し

当座預金

　小切手や手形の支払い資金とするために使う、無利子の決済用預金です。日本では個人用の小切手の利用がほとんど行われていないため、主に法人が使っています。当座貸越契約を結んでおけば、一定限度まで融資を受けることもできます。

　預入れ、引出しとも1円単位で自由にできますが、原則として、引出しには小切手などを使用します。預金保険制度で、全額保護の対象となっています。

図表2-14　当座預金の商品概要

利用できる人	個人・法人
期間	定めなし
預入れ	1円以上　1円単位で随時
払戻し	随時（小切手、手形発行、口座振替等による）
利子	無利子
手数料	所定の口座開設手数料

❷ 運用商品

　債券は、資金調達ニーズのある発行体（国、地方公共団体、企業など）が、投資家から借り入れを行う際に発行する一種の借用証書です。あらかじめ決められた返済期日（償還日）に元本を返済し、償還までの期間、通常年2回のペースで一定の利子を支払うことが約束されています。債券は、その発行体によって、「国債」、「地方債」、「事業債」、「金融債」などに分けられます。

○　国債

　元本と利子の支払いが国によって裏付けられている国債は、債券の中で最も信用度が高く、流通量も多いので換金性に優れています。下図は国債の償還期間による分類です。

図表2-15　国債の種類

短期国債	1年
中期国債	2年、5年
長期国債	10年
超長期国債	20年、30年、40年
個人向け国債	固定3年、固定5年、変動10年
物価連動国債	10年
変動利付国債	15年

　2003年以降、個人投資家による国債の保有を促進するため、対象を個人に限定した「個人向け国債」が発行されています。1万円から投資できて購入しやすい、金利に下限（0.05％）が設けられている、政府による買取保証がついている（ただし、換金時に一定額が差し引かれるペナルティあり）というのが特徴です。期間10年の変動金利型、期間5年の固定金利型、期間3年の固定金利型の3種類があります。

　2007年以降、新型窓口販売方式による利付国債、「新窓販国債」も登場しました。毎月募集・発行され、5万円以上・5万円単位で購入可能です。期間は2年・5年・10年の3種類で、すべて固定金利型となっています。発行後、一定期間は中途換金が制限される個人向け国債と異なり、市場でいつでも売却が可能なのが特徴です。ただし、売却時の市場価格により、金利上昇時には元本割れのリスクがあります。

○　事業債（社債）

　事業会社が発行する債券です。購入価格を10〜100万円などに小口化した「個人向け社債」もあります。社債の償還期間は2〜30年などさまざまですが、個人向け社債では3年や5年といった短いものが主流になっています。

社債は満期まで保有すれば、元金と利子の支払いが保証されますが、あくまで発行体である企業の経営が健全であればこそ。そのため、利回りは発行時の金利情勢のほか、発行体の信用度によって変わり、信用度が低いほど高くなるのが一般的です。企業の信用度を判断する目安としては、第三者機関である格付け会社が行う「格付け」が参考になります。

投資信託（ファンド）

投資信託は、多くの投資家から資金を集め、専門家の指示により、国内外の株式や債券、不動産、コモディティ（商品）などに投資し、その成果を投資家に分配する仕組みです。投資対象や投資手法によって、さまざまな種類の商品があります。

まとまった資金にして専門家が運用することで、個人では難しい海外の投資対象や複雑な金融商品に投資できるとともに、多様な資産への分散投資が可能になります。ただし、運用成績が悪く元本割れとなっても、販売会社や運用会社が補てんしてくれるわけではありません。また、購入時・保有時・売却時に、それぞれ手数料がかかります。

図表2-16　投資信託の仕組み

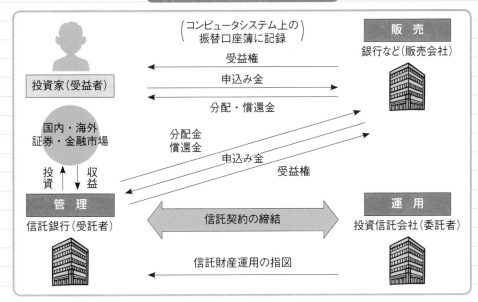

株 式

金融商品取引法に規定する金融商品仲介業務を行う登録金融機関は、証券会社（委託金融商品取引業者）で取り扱っている株式の注文を顧客から預かり、証券会社に取り次ぐことができます。

株式投資のメリットは、株価の値上がりによる「売却益（キャピタルゲイン）」、会社が得た利益の還元である「配当（インカムゲイン）」、自社製品やサービスなどを提供する「株主優待」、す

でに発行されている株式が一定比率で分割され株式数が増える「株式分割」など。デメリットは投資した企業の経営破たんや株価の値下がりリスクです。株価の上昇により、大きな利益を得られる可能性がある一方、思わぬ下落で紙くず同然となることもあるので注意が必要です。

　株式の注文における最低売買株数は、100株に統一されています。たとえば、会社の株価が1,000円の場合、購入には最低10万円の資金が必要になり、ほかに売買委託手数料などがかかります。

外貨建て商品

　金融や経済のグローバル化が進むとともに、外貨建ての商品も多数登場しています。国内の金融商品と同様に、外貨建ての預金や債券、株式、投資信託なども増えており、それぞれ、米ドルやユーロ、英ポンド、豪ドルなど、さまざまな通貨で取引されています。

　外貨投資では、投資対象そのものから得られる利子や売却益のほかに、購入時より円安が進んだ場合には為替差益が得られるメリットがあります。反面、円高が進めば、為替差損が発生し、元本割れする可能性があるデメリットもあります（円高・円安については123頁を参照）。

○　外貨預金

　米ドルやユーロなど、外貨建てで行う預金です。普通預金、当座預金、定期預金、通知預金がありますが、個人の場合は普通預金と定期預金が主流となっています。取り扱っている通貨は金融機関によって異なりますが、米ドル、ユーロ、英ポンド、豪ドルなどが主流です。外貨預金の利率はそれぞれの通貨の市場金利をもとに決められます。

　円預金に比べて相対的に高い金利、預入れ時より円安になると為替差益が得られることが魅力ですが、為替リスクがあるので預金といえども元本割れする可能性があります。

　また、為替手数料の存在にも注意が必要です。円貨を外貨に換える場合のレート（TTS）と、外貨を円貨に換える場合のレート（TTB）には開きがあるからです。一般的に米ドルで往復2円、ユーロで3円、英ポンドでは8円くらいですが、金融機関によっても差があります。

TTS（対顧客電信売相場）	銀行が顧客に外貨を売る時のレート（円貨から外貨に替える時のレート）
TTB（対顧客電信買相場）	銀行が顧客の外貨を買い取る時のレート（外貨から円貨に替える時のレート）

❸ 保険商品

　大勢の人々が保険料を出し合って、いざというときのリスクに備える相互扶助の仕組みが「保険」です。従来、保険は保険会社でしか販売していませんでしたが、2001年に一部の保険について銀行などの金融機関でも窓口販売が解禁となり、2007年12月以降は全面解禁されました。

生命保険

　生命保険は、死亡したり病気になったりしたときに保険金や給付金が支払われる保険です。大別すると、死亡したときに支払われる「死亡保険」、一定期間後に生存していたときに支払われる「生存保険」、死亡保障と生存保障を組み合わせた「生死混合保険」に分類されます。

図表2-17　生命保険の種類

死亡保険	被保険者が死亡または高度障害になった場合、保険金が支払われる保険	定期保険、終身保険など
生存保険	契約してから一定期間が終了するまで被保険者が生存していた場合にのみ保険金が支払われる保険	子ども保険(学資保険)など
生死混合保険	死亡保障と生存保障を組み合わせた保険	養老保険など

○ **定期保険**

　5年や10年といった一定期間の死亡または高度障害状態に対して保険金が支払われる保険です。何事もなく保険期間が終了すると一切の保障がなくなり、原則として戻ってくるお金はありません。そのため「掛け捨て保険」と呼ばれることもあります。

　ただし、一定の年齢までは被保険者の健康状態にかかわらず、自動更新できるのが一般的です(保険料は更新時の年齢で計算するため高くなります)。同じ条件の終身保険や養老保険に比べると、保険料は最も安くなります。

図表2-18　定期保険のイメージ図

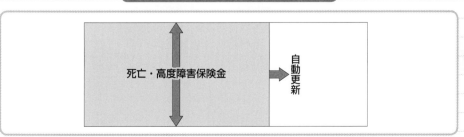

○　終身保険

　一生涯の死亡保障が得られる保険です。保険料は定期保険に比べて高くなりますが、掛け捨てではなく、加入年数に応じた解約返戻金があります。

図表2-19　終身保険のイメージ図

○　養老保険

　保険期間中に被保険者が死亡した場合は死亡保険金が、満期まで生存した場合は同額の満期保険金が支払われる貯蓄型の保険です。契約時に全期間の保険料をまとめて払い込むタイプを「一時払い養老保険」と呼びます。

図表2-20　養老保険のイメージ図

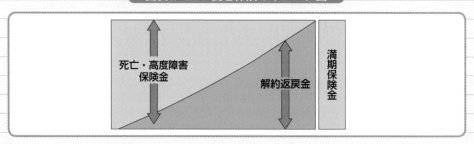

○　子ども保険（学資保険）

　子どもの教育資金を準備することを目的にした貯蓄性の高い生存保険です。満期時に満期保険金が支払われるほか、進学時に祝金などが支払われるのが一般的です。契約者である父親などが亡くなった場合、以後の保険料の支払いが免除されるのが大きな特徴です。育英年金が支払われるタイプもあります。

図表2-21　子ども保険のイメージ図

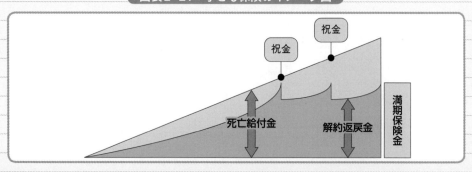

損害保険

損害保険は、偶然の事故や災害に対して備える保険です。火災や自動車事故、傷害、所得補償など、さまざまなリスクに対して商品が用意されています。積立型の損害保険も多数存在します。

○ 火災保険

火災や爆発事故をはじめ、落雷、爆発、水災といった自然災害による直接損害や、それらに付随する臨時費用や残存物の取り片づけ費用などの間接損害を補償する保険です。建物、家財はそれぞれ別々に加入します。保険料が掛け捨てとなる「補償型」と満期返戻金のある「積立型」があります。

○ 地震保険

火災保険では補償されない地震・噴火・津波を原因とする火災・損壊等による損害を補償する保険です。地震保険単独では加入できず、主契約である火災保険にセットして契約します。

○ (任意の)自動車保険

任意の自動車保険には、他人の身体や物に損害を与えた場合、相手に対する損害賠償を補償する「対人賠償保険」や「対物賠償保険」、単独の自損事故などで本人や家族の傷害を補償する「自損事故保険」、運転手や同乗者が死傷した場合の「搭乗者傷害保険」、自動車保険に入っていない車などとの事故で死傷した場合に補償する「無保険車傷害保険」などがあります。また、衝突、火災、盗難など偶然な事故による車両の損害を補償する「車両保険」もあります。

○ 傷害保険

急激かつ偶然な外来の事故が原因でけがをした結果、死亡または高度障害になったり、入院や通院による治療を行ったりした場合に保険金が支払われる保険です。日常生活のなかで起こるさまざまな事故でけがをした場合に備える「普通傷害保険」、交通事故によってけがをした場合などに備える「交通事故傷害保険」、旅行中のけがに備える「旅行傷害保険」などがあります。

第三分野保険

従来の生命保険(第一分野)や損害保険(第二分野)以外の、新たな分野の保険を第三分野保険と呼びます。医療保険、介護保険、がん保険など、いわゆる「生きるための保険」が該当します。原則として、第一分野は生命保険会社、第二分野は損害保険会社しか取扱いできないことになっていますが、第三分野保険は生損保双方が扱えることになっています。

○ 医療保険

病気やけがによる入院や手術に際して給付金を受け取ることができる保険です。入院給付金や手術給付金などをベースに、商品によって退院給付金や通院給付金、死亡給付金などが付加されています。

医療保険は満期保険金のない掛け捨て型が主流で、保障が一生涯続く「終身型」が増えていま

すが、1年ごとや10年ごとなど、比較的短期で更新していく「更新型」もあります。

○　**がん保険**

　保障をがんに特化した保険です。給付内容は商品によってさまざまですが、一般的に、がんと診断されたときの「がん診断給付金」、「がん入院給付金」、「がん手術給付金」をベースとし、「がん通院給付金」や「がん死亡保険金」、通常の保険診療の範囲を超える最新の医療技術として厚生労働大臣が定める先進医療を受けた際の「先進医療給付金」などがあります。

○　**介護保険**

　寝たきりや認知症により一定の状態が継続した場合、介護一時金や介護年金が受け取れる保険です。定期型と終身型があり、死亡した場合には死亡保険金、健康であれば健康祝い金が支払われる商品もあります。

年金保険

　60歳や65歳など、あらかじめ定めた年齢から年金を受け取ることができる保険です。加入時に将来の年金額が確定する「定額年金保険」と、運用次第で将来の受取額が変わる「変額年金保険」に大別されます。

　また、年金の受取期間などによって、被保険者が生存しているかぎり一生涯年金を受け取ることができる「終身年金」、被保険者の生死にかかわらず、10年や15年といった一定期間年金を受け取ることができる「確定年金」、年金開始後の一定期間は生死にかかわらず年金を受け取ることができ、その後は生きているかぎり受け取れる「保証期間付き終身年金」、一定期間、被保険者が生きているかぎり年金を受け取ることができる「有期年金」などに分けられます。

　損害保険の個人年金保険としては「年金払積立傷害保険」がありますが、終身で年金が支払われるタイプはありません。

図表2-22　定額年金保険のイメージ図

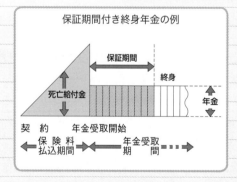

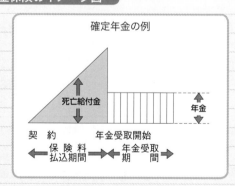

④ ローン商品

住宅ローン

　住宅およびそれに付随する土地の購入・新築・増改築、あるいはすでに借りている住宅ローンの借換えを目的とした融資です。返済期間は最長で35年が一般的。金利タイプは、市場金利に応じて適用金利が変動する「変動金利型」、返済終了まで金利が変わらない「全期間固定金利型」、返済当初の一定期間のみ金利が固定され、その後、固定金利か変動金利かを選択する「固定期間選択型」があります。

　返済方法は、元金と利子を合計した返済額が一定の「元利均等返済」と、元金を毎回同額ずつ返済し、利子は残りの元金に応じて計算されたものを合わせた「元金均等返済」に大別されます。

　一般的に、年収に占める借入れの年間合計返済額が400万円未満で30%以内、400万円以上で35%以内に収まるように上限が設定されています。また、万一の際、生命保険で残りのローンを一括返済する「団体信用生命保険」に加入することが条件となっています。

図表2-23　住宅ローンの商品概要

利用できる人	借入時18歳以上70歳。完済時80歳までなど。年収、勤続年数などの資格条件あり（保証会社の保証を受けられること）
資金使途	住宅の建築・購入・増改築資金、住宅ローンの借換え資金、諸費用
借入期間	35年以内が一般的
借入金額	30万円以上1億円以内など
返済方法	元利均等返済が主流。ボーナス時増額返済併用あり

○ フラット35

　金融機関独自の住宅ローン以外に、住宅金融支援機構が提供する「フラット35」を取り扱っているところもあります。主に証券化という手法を使った長期固定金利型の住宅ローンで、利用者にとっては、金利が変わらず計画を立てやすい、保証料や繰上げ返済の手数料が不要といったメリットがあります。融資限度額は最高8,000万円で建築費等の100%以内、返済期間は15年～35年で80歳完済。融資金利は金融機関によって異なります。

　このほか、長期優良住宅向けに償還期間の上限を50年間とした「フラット50」や、省エネルギー性や耐震性などの要件を満たした優良住宅向けに金利が引き下げられる「フラット35S（優良住宅取得支援制度）」もあります。

自動車ローン

使途が自動車関連の費用に制限されているローンです。自動車購入時だけに限定したタイプのほか、自動車免許の取得や点検・車検に関する費用、すでに借りているローンの借換えを対象としているタイプもあります。

借入期間は7年以内、借入限度額は300万円～500万円が一般的。金利は、変動金利と固定金利があります。申込時には、年収を証明する書類や住民票、自動車購入を証明する書類、本人確認書類などが必要です。

図表2-24　自動車ローンの商品概要

利用できる人	18歳以上で、上限は60歳～70歳。年収、勤続年数などの条件あり
資金使途	自動車購入資金、諸経費および付帯経費
借入期間	7年以内または10年以内が一般的
借入金額	10万円以上300万円または500万円以内など
返済方法	元利均等返済が一般的。ボーナス時増額返済併用あり

教育ローン

入学金や授業料など、使途が子どもの教育関係に制限されているローンです。無担保と有担保に大別されます。

借入期間は、無担保の場合10年以内が一般的で、有担保は30年以内と長くなります。金利は、変動金利と固定金利の2タイプありますが、同じタイプでも金利水準は、有担保のほうが無担保より低くなります。借入限度は、無担保の場合10万円以上300万円までが多く、有担保の場合は数千万円借りられるケースもあります。返済方法は、元利均等返済が一般的です。

申込時には、年収を証明する書類や住民票、入学金・学費納付書の写しなどが必要となります。

図表2-25　教育ローンの商品概要

	無担保	有担保
利用できる人	就学(予定)者の保護者(社会人の場合は本人も可) 申込時18歳以上、完済時70歳。年収、勤続年数などの資格要件あり	
資金使途	学校に納付する学費(入学金・授業料・寄付金等)	
借入期間	10年以内が一般的	30年以内が一般的
借入金額	300万円または500万円以内が一般的	数千万円借りられるケースもあり
返済方法	元利均等返済が一般的。ボーナス時増額返済の併用もある	

4 支店の一般的な仕事

金融機関での仕事の第一歩を「支店」でスタートする人は多いでしょう。最前線ともいえる支店での経験は、3大業務をはじめ、そのほかの業務についての幅広い知識を習得するために欠かせないものです。営業課、得意先課（渉外課）、融資・外国為替課などで組織される支店の仕事について整理します。

❶ 組織とスタイル

支店の組織

金融機関の3大業務が、預金業務、融資業務、為替業務であることは、すでに学びました。これらの業務を、お客さまに最も近いところで担っているのが、各金融機関の「支店（営業店）」です。支店の組織はどのようになっているのでしょうか。

○ 支店の組織

支店は、一般的に、「営業課」「得意先課（渉外課）」「融資・外国為替課」の3つの課で組織されています。

図表2-26 支店の組織の例

支店

営業課

営業課は、預金業務や為替業務などの、いわゆる「窓口業務」を担当しています。支店のなかでも、最も多くの人に触れる機会があるのが営業課で、その最前線を担うのがテラーといわれる担当者です。

得意先課（渉外課）

得意先課の業務範囲は、預金業務や融資・外国為替業務にとどまらず、お客さまとの間で情報の収集・提供を行うなど、非常に広範にわたります。特徴的なのは、取引のある先へ足を運んで営業活動を行うことです。

融資・外国為替課

融資・外国為替課は、営業課や得意先課が中心となって集めた資金を貸し出す融資業務や外国為替業務を担当します。外国為替業務とは、外貨両替、外国送金、輸出や輸入に関する貿易業務などをいいます。

さまざまな支店のスタイル

　皆さんの中に「外貨両替をしてもらおうと思ったら、取り扱っていない店舗だった」などの経験をしたことがある人はいませんか？　また、住宅ローンを取り扱っていない店舗もあります。このように金融機関では、すべての支店で、すべての業務を行っているわけではありません。

○　機能に特化した支店づくり

　支店は、その地域のニーズによって、預金業務をメインとするか、融資業務をメインとするかなどの戦略が異なります。住宅街や商店街などの郊外にある支店では、いわゆる営業課の業務に重点がおかれる一方で、オフィス街などに位置する支店では融資業務に力を入れるといった具合です。すべての業務を行う「フルバンキング」といわれる支店もあります。また、パソコンや携帯からいつでもアクセスできるインターネット支店を設ける金融機関もめずらしくなくなりました。

　金融機関は支店のほかに、出張所も設けています。出張所では、入出金などの限られた業務だけを行ったり、ATMだけを設置したりしています。効率のよい経営を行うためにも、取り扱う業務やメインとする業務に差をつけた店舗づくりを行っているのです。

　ほかにも、お客さまのニーズに合った商品やサービスを提供するために、営業時間を延ばしたり、土曜日や日曜日に住宅ローンや年金などの相談会を開いたり、といった工夫をするところも多くみられるようになってきています。

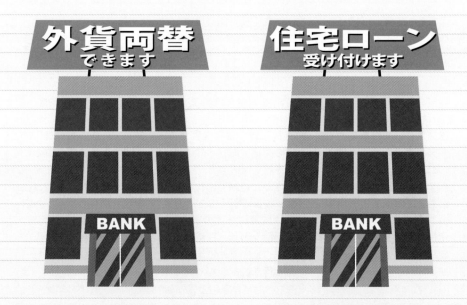

② 窓口業務の基本

窓口業務の流れとポイント

　お客さまが金融機関の窓口担当者に求めていることは、いったいどのようなことでしょうか。たとえば、「正確・迅速・丁寧な手続きをしてほしい」「役に立つ情報やサービスを提供してほしい」「明るく感じのよい応対をしてほしい」などの声があげられます。お客さまの用件を受け付けながら、これらの要望を満たしていくのが、窓口の役割です。まずは、業務の大まかな流れをつかみます。

挨拶 ▶ 受付 ▶ 手続 ▶ 返却 ▶ 挨拶

○　受付

　来店したお客さまに明るく元気に挨拶し、来店順に受け付けます。受付番号自動発行機などを導入している支店は、お客さまに番号札を引いてもらい、受付順に呼び出します。現金・手形・小切手・通帳・証書・伝票などは、カルトン（現金等の受け渡しに使う受け皿）を介して受け渡しします。カルトンは、現金が飛散するのを防ぐだけでなく、ほかのお客さまとの手続きを区別し、業務をスムーズにする役割もあるのです。

○　現金の受け渡し

「現金その場限り」という言葉があるように、現金は、いったん手元から離れてしまうと、勘定が合わなくてもその原因の追及が難しいもの。また、原因がわかったとしても、取り返しがつかない場合も多いので、扱いには相当な注意が必要です。

　お客さまから現金を受け入れる際には、お客さまの面前で数えて、金額を確認するのが原則です。紙幣の数え方には、1枚1枚紙幣をめくって数えるタテ読みと、扇状に開いて数えるヨコ読みの2種類があり、少なくともタテ読みは1回以上、全部で2回以上数えます。単に枚数を数えるだけでなく、ほかの金種が混ざっていないか、偽造・変造紙幣はないか、損券（破れたりしている紙幣）はないかなども確認します。

大量の紙幣や硬貨を受け入れる場合には、お客さまの面前で数えるのが困難なため、事前に了解を得て、後方の機械で数えます。過不足が生じた場合は、必ず役席者にも報告をします。

　受け入れた現金は、テラーといわれる窓口担当者が金種ごとに整理して保管し、営業時間終了後、精算して出納係に引き渡します。多額の現金については、営業時間中においても手元におかず、適宜、出納（105頁「出納業務」参照）に渡したり、支払いのために出納から現金を受け入れたりします。職員同士の現金の受け渡しも同様に、必ず手渡しが必要です。

○　伝票の取扱い

　伝票は、取引内容を記録・保存・確認するもととなるものです。伝票を正しく受け付け、係に引き渡すことによって、取引に必要な内容を各担当者に伝達することになります。また、伝票は取引の証拠になるものですから、お客さま自身に記入していただくことが大切です。原則として、代筆（お客さまに代わって記入すること）は禁止されています。障がいのある方や高齢者など記入が困難な状況にある場合にかぎり代筆が認められますが、この場合も、役席者の承認を得て立ち会いのもと行うなど、内部規定にしたがった慎重な対応が求められます。

○　通帳・証書の取扱い

　お客さまが預金を払い戻す際、通帳もしくは証書の提示と、あらかじめ届け出ていただいている印鑑の照合によって、正当な預金者であるとみなします。上記を満たすことなく払い戻しをしてしまうと、金融機関はその責任を負わなければなりません。通帳・証書は丁重に扱い、記帳後はお客さまに内容を確認してもらいましょう。

○　印鑑の取扱い

　取引開始時に届け出ていただいた印鑑と、取引時に押された印影を照合するのが、印鑑照合です。印鑑照合は、正当な預金者あるいは当事者であるかどうかを確認するために行います。印影だけでなく、氏名（特に法人格の場合には、肩書・代表者の氏名）についても正しく記載されているかどうかの確認が必要です。印鑑照合を誤ったためにお客さまの損害につながるといったこともあるわけですから、相当な注意をもって行わなくてはなりません。また、印章はそれほど重要なものですから、お客さまから預かって、テラーが押印することは禁じられています。やむを得ず、代わりに押印するような場合には、お客さまの目の前で行うようにします。

○　ペーパーレスの取扱い

　コスト削減や業務効率の観点から、ペーパーレス化が進んでいます。通帳レスもその一つです。それに伴い印鑑を使わない手続きも増えています。通帳アプリやインターネットバンキングなど、慣れないお客さまには丁寧にご案内をし、各金融機関の方針に従ってDXを推進していきましょう。お客さまに対しタブレット端末などを使用する際には、よく見えるように画面を指し示し、理解度を確認しながら進めていきます。

❸ 預金業務の基本

預金業務のポイント

　預金業務は、「預金約款」という規定に基づいて行われます。そのため、まずは預金約款を十分理解することが大切です。具体的にどのような業務が求められているのか、ポイントを押さえていきましょう。

○　口座開設手続

　新規口座開設の際には、金融機関として、お客さまが預金者本人であること等の確認（「取引時確認」といいます）と、米国人であるかの確認（FATCA：「米国の外国口座税務コンプライアンス法」による確認）が必要となります。

　取引時確認には、お客さまから運転免許証・健康保険証などの、公的証明書を呈示していただき、申込書に記入されている氏名・住所・生年月日等と合致していることを確認し、取引の目的と職業を申告してもらうなど、犯罪収益移転防止法所定の手続きが必要です。

　また、個人情報の適切な取扱いに対する同意や、お客さまが反社会的勢力でないことの確約・表明をしてもらい手続きを進めます。上記の事務手続の具体的な内容については、各金融機関によって異なりますので、ルールに従って手続きを行いましょう。

　口座開設申込書の記入もしくはタブレット端末の入力によって、口座開設手続を進めます。氏名は、同じ漢字でも、読み方が異なるケースがありますので、フリガナまでしっかり確認することが大切です。預金種類ごとに定められている最低預入金額以上の資金を受け入れ、口座を開設します。

○　入金手続

　テラーはお客さまから、現金や小切手等の現物と通帳、伝票を受け取ります。現金の金額を確認した時点で、預金契約は成立します。入金伝票に記載されている口座番号・名前と金額を確認し、記帳します。

　定期預金の場合には、預入期間や満期時の取扱い・利息の受取方法などの確認も必要です。

　手形・小切手などの証券を受け入れた場合には、支払要件等を確認し、受け入れます。記帳後、お客さまに取引内容を確認してもらいましょう。

○ 払戻手続

　通帳と払戻請求書（伝票）を受け取り、お客さまに番号札を渡すと同時に、その番号を伝票に記入します。番号札を交付するのは、回収する番号札と伝票の番号が一致していることによって、正当な預金者（請求者）であるのかを確認するためです。受付番号自動発行機を導入し、お客さまをお呼びしたまま目の前で手続きを完了する場合等、番号札を渡さないケースもあります。詳細は各金融機関のルールに従ってください。

　お客さまからいただいた伝票の口座番号・氏名を確認し、印鑑照合します。印鑑を使用せず暗証番号やお客さまの静脈のパターンなどで本人確認を行う生体認証を使用する場合もあります。金額欄の訂正は、トラブルにつながるおそれがあるため、書き直していただきましょう。また、金額の頭には「¥」が必要です。記帳後、お客さまに取引内容を確認していただくのは、入金手続と同様です。大きな金額を払い戻す場合は、他人の目にふれないよう封筒に入れるなど配慮します。

○ 解約手続

　解約を受け付けたら、理由を確認します。定期預金は、あらかじめ一定の期間を決めて預け入れ、その期間中は払戻しをしないことを約束している預金ですから、期限前解約の場合は、理由を聞き、お客さまが預金者本人であることの確認を行い、役席者の承認を得ます。普通預金の解約の場合には、総合口座通帳として定期預金がセットされていないか、口座引落の手続きがされていないかなど、取引状況を確認することも必要です。解約手続は、形式的になりがちですが、また取引を再開する際に、自行を選んでいただけるように、より丁寧な対応を心がけ、今まで取引いただいたことへの感謝の言葉を忘れずに添えましょう。

○ 諸届

　諸届には、通帳・証書・キャッシュカードなどを紛失した場合の「喪失届（事故届）」、印鑑を変更する場合の「改印届」、住所など届出内容を変更する「変更届」などがあります。

　まず、お客さまから紛失の申し出があった場合、不正な取引が行われないように、速やかに事故コードを設定し、紛失物を使用しての取引を停止することが重要です。

　次に届出書に記入していただき、正当な当事者であることを確認します。確認がその場でできないようなケースでは、届出内容を記載した書類を届出住所に郵送し、確認・返却いただく手続きをとる場合もあります。通帳・キャッシュカードなどの紛失物を再発行する場合には、手数料を求めるのが一般的です。

出納業務

　支店の現金（手形・小切手）を取りまとめているのが、出納です。支店で管轄しているATM機・両替機などの現金も含めて管理します。

○　現金締上げ

　出納は営業時間前に、テラーに支払い資金を渡し、営業時間後にはテラーから手元資金を回収します。テラー各自が行った受払額等を集計し、当日の手元在高（実際にあるお金）と照合するのが現金の締上げです。

○　現金の取扱い

　紙幣は金種別に表裏を揃え、100枚ずつ束ねて帯封を巻きます。紙幣自動選別帯封機の使用が一般的です。取扱い者の責任を示すために、帯封に割印をします。さらに10束を大帯で十文字に束ね、同じく取扱者印を押印しますが、金融機関営業店名・封をした年月日等が機械で印字されれば、押印は不要です。

　硬貨は、金種別に50枚ずつ所定の巻紙でくるみます。硬貨計算機の使用が一般的です。さらに小袋は同一の金種を1,000枚単位で、大袋は麻袋へ4,000枚単位（1円のみ5,000枚）で封をし、口元に所定の荷札をつけて保管します。

○　手形・小切手の取扱い

　窓口で受け入れた手形・小切手のうち自店以外を支払場所とする他店券は、スキャンしたイメージデータを「電子交換所」（センターを経由する場合もあり）に送受信することによって、交換業務を完結します。紙の手形・小切手は支払い後、受取人の取引金融機関で3ヵ月保管します。

○　現送・現受け

　出納が管理している現金は、お客さまからの依頼に対して支払いできないようでは困りますが、常に多額の現金をプールしておくのは、通貨の流通を妨げるためふさわしくありません。支店の現金の流れをつかみ、手元資金をできるだけ圧縮して管理するのも、出納の重要な役割の1つです。多額の現金の支払いが見込まれるお客さまには、あらかじめ数日前に申し出ていただくよう依頼しておくのもよいでしょう。手元資金に余裕がある場合には、母店（出張所の管轄支店）や日本銀行などへ現金を輸送します（現送）。逆に、支払いのために現金が不足しそうな場合には、現金を受け入れます（現受け）。

④内国為替業務

　内国為替の業務には、振込・取立などの為替取引と、それに伴って生じる金融機関の間での貸借を決済する取引があります。

　為替業務の中で、多く取り扱われるのが「振込」です。その種類には、「至急扱い」と「文書扱い」があり、至急扱いのものは「テレ為替」、文書扱いのものは「文書為替」によって取り扱います。主に利用されるのは、至急扱いです。

○　振込の流れ

　まず、振込の流れを確認しましょう。下記は、Ａ銀行の店頭で、甲が、Ｂ銀行にある乙の口座に振り込む場合についてです。

図表2-27　為替取引のイメージ

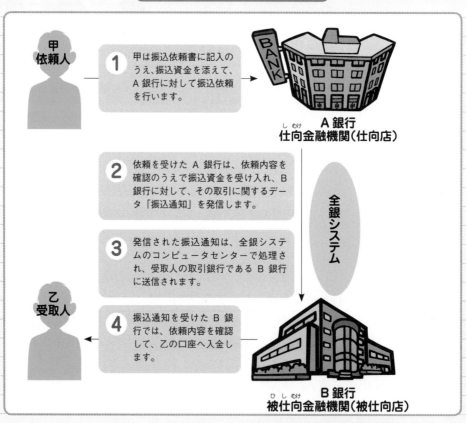

甲 依頼人	**1** 甲は振込依頼書に記入のうえ、振込資金を添えて、Ａ銀行に対して振込依頼を行います。	Ａ銀行 仕向金融機関（仕向店）
	2 依頼を受けたＡ銀行は、依頼内容を確認のうえで振込資金を受け入れ、Ｂ銀行に対して、その取引に関するデータ「振込通知」を発信します。	全銀システム
	3 発信された振込通知は、全銀システムのコンピュータセンターで処理され、受取人の取引銀行であるＢ銀行に送信されます。	
乙 受取人	**4** 振込通知を受けたＢ銀行では、依頼内容を確認して、乙の口座へ入金します。	Ｂ銀行 被仕向金融機関（被仕向店）

振込において、振込を依頼する人から送金の委託を受けて、その内容を振込先の金融機関に伝える金融機関を「仕向金融機関（仕向店）」、それを受けて受取人への支払いを行う金融機関を「被仕向金融機関（被仕向店）」といいます。前記でいえば、仕向金融機関はＡ銀行、被仕向金融機関はＢ銀行ということです。

○　貸借を決済する取引

振込などの為替取引が行われると、それに伴って、全国銀行内国為替制度の加盟金融機関の間に、資金の貸借が生じます。この貸借は、日本銀行にある各金融機関の預金口座の残高を調節することで決済されます。

全銀ネット（全国銀行資金決済ネットワーク）が運営する全銀システムでは、金融機関ごとに算出した受払差額（為替の決済額）を計算し、業務終了後、日本銀行宛にオンライン送信を行います。それを受けた日本銀行では、送信内容に基づいて、各金融機関と全銀ネットとの間で、日本銀行当座預金の入金または引落しによって金融機関の間の決済を行います。なお、1件1億円以上の大口取引については、支払指図ごとに決済情報が全銀システムから日本銀行に送信され、日本銀行の当座預金上で即時グロス決済（RTGS）が行われています。

振込手続のポイント

スムーズな処理を行うための第一歩は、正確な振込依頼を受けることから、といってもよいでしょう。振込手続を行う際の注意点を確認します。

○　仕向金融機関

受付の際は、振込先についての情報である「金融機関・支店名」「預金種目」「口座番号」「受取人名」「フリガナ」などの記入漏れがないかを確認し、不明点があればその場ですぐに解決するようにします。

依頼人の連絡先に関する「氏名」「住所」「電話番号」などの情報についても、同様の配慮が欠かせません。振込は、日ごろ取引のないお客さまからの依頼を受けることも少なくないうえ、被仕向金融機関から、振込内容についての照会がくることも十分に考えられます。たとえば電話番号であれば、日中に連絡のつきやすいものを記入していただくなど、速やかに依頼人に連絡をとれるようにしておくことが肝心です。

また、原則として、至急扱いで受けたものに関しては、被仕向金融機関への振込通知の発信を当日中に行います。業務終了間近であるなど、やむを得ず当日中の発信ができない可能性がある場合は、受付の際に、その旨を説明して了解を得るようにします。なお、文書扱いは処理に数日を要するのが一般的です。

○　被仕向金融機関

被仕向金融機関では、依頼内容に基づいて、受取人の口座へ入金手続をとります。ここでも、口座相違などのミスが起こらないよう、不明点については仕向金融機関に確認するなどの作業を怠らないことが肝心です。

❺ 渉外担当者の仕事

お客さまへの訪問が中心

金融機関の渉外担当者は、支店内にとどまらず外へ出かけていくのを業務とする、一般企業でいう営業担当者です。朝9時過ぎにもなれば、訪問をスタートする担当者が多くみられます。

渉外担当者といえば、融資の案件をとってくるというのが、いつの時代も変わらないメイン業務です。そのほか個人のお客さまに対して、ライフプランに応じたマネープランを策定し、資産形成・資産運用等のご相談に応じるのも重要な業務となっています。

渉外担当者は、自行を代表してお客さまを訪問するのですから、営業課、融資・外国為替課が扱う商品の総合的な知識をもつことが大切です。ライバルとなる他行が扱う商品についても知り、自行との差別化を図ることができるようにしておくことも欠かせません。さらに、お客さまからの信頼を得て、相談を持ちかけていただけるようになるために、不動産やお客さまの業界についての知識の修得も欠かせません。

ソリューション型の営業

渉外担当者の業務のスタイルで、「うちにお金を預けてください」「口座開設をお願いします」と頭を下げてまわるお願い型の営業は、すでに過去のものとなりつつあります。今、求められるのは、お客さまの潜在ニーズを発見して、それを解決に導く提案を行う「ソリューション型」といわれるスタイルです。

ソリューション型とは、取引先から相談を持ちかけられるのを待って、その要望に応じるのではなく、自ら提案を行うことで営業を進めていくものです。

たとえば、事業承継（会社の事業を現在の経営者から他の人に引き継ぐかたちで譲渡すること）に悩んでいるお客さまに、後継者への株式譲渡の方法について相談に乗ることにより後継者の資金調達のための融資を提供したり、1つの商品だけに大きな資金を振り向けているお客さまに対しては投資先を分散してみることをお勧めしたり、などもその方法です。法人向けのものとしては、企業のM＆A（合併・買収）、事業再生、証券化ビジネス等があります。これらの業務を行うことによって、お客さまと自行の双方にメリットが生じることが望まれます。

⑥ 運用相談担当者の仕事

ニーズをつかみ商品を提案

　金融機関の窓口では、定期預金、積立預金等の預金商品だけでなく、利付国債・個人向け国債・地方債等の公共債、投資信託や外貨預金、個人年金保険・終身保険・医療保険等の保険商品といった多岐にわたる商品を取り扱っています。どの商品を、どの程度まで取り扱うかについては金融機関によって違いがみられますが、これらの商品は、お客さまの多様な運用ニーズに応えるために、今では欠かせないものとなっています。これらの商品を積極的に販売し、収益を上げることは、金融機関の経営にとって非常に重要で、その販売を担当するのが「運用相談担当者」ですから、その役割は重要です。

　運用相談の担当者に求められるのは、単に、お客さまの用件を伺って、その処理を行ったり、質問に答えたりすることではありません。接客の際の会話から、お客さまが必要としていることをつかみとり、商品提案を行って、最終的に商品の販売に至ることを目標とします。

ローカウンターで時間をかけた対応

　預金の入出金や振込等、時間のかからない手続きを行うハイカウンター（お客さま用の椅子がないカウンター）に対して、ローカウンター（お客さま用の椅子があるカウンター）は、新規の口座開設、住所変更、資産運用相談等、少し時間のかかる手続きを主に行う場所です。運用相談の担当者は、ローカウンターで相談業務を行うことが多いでしょう。金融機関によっては、ローカウンターとは別に、専用ブースを設けて相談に乗る態勢を整えているところもあります。

　ローカウンターでは、1つひとつの窓口に仕切りを設けるなど、お客さまに安心してお話いただけるような工夫をしているところが多くみられます。また、じっくり落ち着いてお客さまのお話を伺うことができるように、ゆったりした座り心地にこだわった椅子を用意しているところも少なくありません。

説明責任が求められる

　先ほど説明したように、相談担当者は、お客さまとの会話の中から、運用を提案するきっかけをつかむことが大切です。お客さまの通帳から、会話のヒントに気づくこともできるでしょう。運用を提案するきっかけをつかんだら、まずは運用手段のご紹介といった全体的な話から入るようにします。ここで、いきなり個別商品のパンフレットを開くなど、話を急いではいけません。

　特に、投資性商品の購入経験がないお客さまの場合、銀行で手続きをするため投資信託や保険商品を預金であると誤認し、トラブルとなるケースがみられます。元本が保証されるものではないなど、違いをしっかり理解していただけるよう念を入れて説明を行いましょう。預金商品と投資信託の利回りなどを単純に比較して、投資信託の優位性のみを強調するなどといったような勧誘方法は、後にトラブルとなる可能性があるだけでなく法律で禁止されています（131頁参照）。十分に気をつけましょう。

販売後のフォローが大切

　運用相談の担当者の役割は、商品を売るだけではありません。その後、販売した商品がどのような状況になっているのかを確認し、定期的に、あるいは特に相場が悪いときにこそ連絡をとって、お客さまをフォローしましょう。こうしたフォローを行うことが、お客さまからの長期的な信頼を勝ちとることにつながるのです。

　インターネットの普及等で、窓口にいる相談担当者の役割は小さくなるといわれた時期もありました。しかし、実際にはそのようなことはあまりなく、逆に、その役割の重要性が再認識されて、相談担当者の育成に力を入れる金融機関が増えています。

資格の取得が必須

　金融機関において、投資信託等の勧誘や売買等の業務に携わるためには、日本証券業協会等が行う外務員資格試験に合格し、外務員として登録を受けることが義務づけられています。

　外務員とは、金融商品取引業者等の役員または使用人で、金融商品取引業者等のために金融商品取引法に規定される行為（有価証券関連業務）を行う人をいいます。これは、窓口で運用相談にあたる担当者だけでなく、渉外担当者などについても求められる資格です。この資格を取得しなければ有価証券関連業務を行えないわけですから、早めの取得が望まれます。

　そのほか、資産運用の相談において、さまざまな切り口から的確なアドバイスを行うためには、株式・債券・投資信託等の知識はもちろんのこと、たとえば「人生の3大支出」といわれる教育資金・住宅購入資金・老後資金等のライフイベントに関する知識や、税金や社会保障制度等に関する知識も身につけておくとよいでしょう。

7 融資担当者の仕事

融資の申込み受付と審査

　融資担当者の主な仕事は、融資の申込みを受け付け、その審査を行うことです。審査は、金融機関の貸出債権を守る大切な業務といえます。融資を増やすことで金融機関の収益は増加しますが、厳正な審査が行われないと貸出債権の質が落ちてしまいます。

　審査にあたっては、取引先の財務や資産の内容を注意深く確認します。また、経営者の人となり、資産状況、経歴を見ることも、審査上、重要なポイントです。

　支店には、すでに融資を行っている取引先企業が複数ありますが、その企業ごとに融資担当者が決められています。割り振られた担当先についての融資案件は、各担当者が責任をもってフォローする体制をとっているわけです。渉外担当者が開拓してきた新規取引先について融資の手続きを行うのも融資担当者の仕事です。新規の取引先については、そのたびごとに担当者を決めて、手続きを行っているのが一般的でしょう。

　いずれにしても、融資担当者は、自行の中で、誰よりも担当先を理解していることが求められます。

信用状態を確認する

　融資担当者として大切なのは、担当先の信用状態を注視することです。そのため、担当先の決算書が出来上がり次第、損益計算書、貸借対照表、税務申告書等の決算書類等を入手し、財務内容に変化がないかどうかを確認します。

　損益計算書については、売上高や収益の水準に変化はないか、人件費等の販売管理費に変化はないか等に目を向けます。貸借対照表については、今まではなかった勘定科目に残高がないか、固定資産が増えていないか、借入金が増えていないか等について、前年の数値との比較を行います。また、いわゆる財務分析を行って、売掛金の回収期間が延びていないか、売上高に対する利益の割合に変化はないか等を確認することも欠かせません。不明点について、担当先へヒアリングを行うのも大切な業務です。

　また、決算を待って、決算書を提出してもらうだけでは十分ではありません。必要に応じて月次の貸借対照表や損益計算書を提出してもらい、財務状態等に変化がないかをチェックしておく目配りも求められます。

稟議書の作成

融資の決裁を受けるための稟議書（承認を求めるための書類）の作成は、融資担当者の大切な仕事です。金融機関は、取引先に対して、一時的な融資を行うための枠である「極度」を認めているのが一般的ですが、既存の取引先へのフォローとして代表的なのがこの更新手続です。融資担当者は、決算書を入手できる時期に合わせて、この更新手続を行う必要があります。その際は、担当先の決算書を入手するだけでなく、内容確認のヒアリングも行います。

新たに大型の融資案件が発生する場合は、決裁権限をもつ最終決裁者を説得できるだけの情報を入手し、説明資料を作成のうえ、稟議を回さなくてはなりません。担当先の資金調達には期限があるため時間の余裕を十分に持てるよう、早め早めの対応を心がけましょう。

担当先への訪問

融資担当者は、現場を見ることを怠ってはいけません。たとえば、担当先が不動産を購入するのであれば、現地に行って対象物件を確認します。融資枠を増やす申込みがあった場合は、在庫が山積みになっていないかなどを直接出向いて確認し、販売の見込みがある仕入れかどうか等を自分の目で確かめます。

時には支店長や融資課長を伴い、担当先の社長の話を聞く場を設定するなど、その会社の様子を定期的に観察するように心がけましょう。訪問の際は、担当先の様子に変化があるかどうかを見極め、信用状態が悪化していないか確認します。融資担当者は、融資のルールをよく理解し、返済期間や保証・担保条件、今後の取引方針等を勘案し、「どうすれば融資できるか」に知恵を絞るのが腕の見せ所です。優良な案件であればあるほど、他の金融機関との競合になるため、その場である程度の交渉ができることが求められるでしょう。「持ち帰って検討します」という対応ばかりでは、なかなか担当先からの信頼を得ることができません。

融資案件の創造

金融機関の収益の柱の1つは、融資業務による利子収入です。よって、支店における融資担当者には大きな責任が課せられているといえます。融資担当者は、自行の収益を引き上げるために、既存の借入れのフォローを行うだけでは足りず、融資残高を増やす努力をすることが求められます。そのためには、担当先の資金ニーズに受け身で対応するだけでなく、たとえば、海外進出の希望がある担当先には、担当先の海外出張の際に海外支店の担当者を紹介したり、M&Aによる企業買収を検討している担当先に自行の専門部門を紹介したりすることなどを通して、新たな資金ニーズを創っていく積極性も必要です。

⑧ その他

ATMにかかわる業務

ATM（現金自動預払機）は、現金の入出金、振込、振替、残高照会、通帳記入のほか、暗証番号の変更や定期預金取引等ができる機械です。また、提供するサービスを引出し等の一部に限ってはいるものの、自行以外のお客さまにもサービスを提供しています。

これは、金融機関が、「BANCS」（都市銀行）、「ACS」（地方銀行）、「SCS」（第二地方銀行）等、業態ごとのネットワークで提携しているからです。都市銀行と地方銀行等、業態を超えてサービス提供を行う場合は、「MICS」（全国キャッシュサービス）を通じて情報のやりとりを行うようになっています。

ATMは、お客さまをお待たせすることなくスピーディーな事務処理を提供できる、窓口が開いていない曜日や時間帯であってもサービスを提供できる、というだけでなく、金融機関側の省力化をはかるため、手数料収入を得るためにも重要な存在です。

ところで、ATMは、自動で動いているようですが、人間の手によって管理されてはじめて動くものです。機械の裏側では、紙幣や硬貨の補充や回収を適宜行う必要があります。また、表側ではお客さまをご案内したり、機械の周りの整理整頓を行ったりといった管理も欠かせません。最近では、「振り込め詐欺」を防止するため、ATM付近の監視を強化する金融機関も増えています。

「ご来店予約」サービスにかかわる業務

多くの金融機関が「来店予約」サービスを行っています。ご予約対象のお手続きは比較的時間がかかり煩雑なことが多いので、お客さまにとっては来店予約サービスを利用することによって、待たされることなく優先的に窓口へ案内してもらえるというメリットがあります。来店予約を受け付けた店舗は、来店者や手続き内容を確認し、時間には「お待ちしておりました」などの言葉を添えてお迎えし、手続きにスムーズに入れるように必要なものを準備しておきましょう。

一方で、来店予約サービスを知らない方や、予約なしにご来店されるお客さまもいらっしゃいます。「来店予約がないとご案内できかねます」といった対応にクレームも増えていますので、お客さまの立場に立った応対が求められます。

5 本部の一般的な仕事

本部の組織形態やその名称は、金融機関によって違いがみられますが、一般的に「人事・総務部門」「審査部門」「企画部門」「事務管理部門」「システム部門」「市場部門」「リスク管理部門」などに分かれて業務を担当しています。順に、その業務内容をみていきましょう。

人事・総務部門

本部には、組織を支えるために欠かせない部門があります。その中の1つに「人事・総務部門」があります。

人事といえば、採用とそれに伴う手続きを行うところというイメージが強いかもしれません。しかし、人事体系の策定や勤務管理も重要な業務です。たとえば、労働基準法などの労働法規に基づいて人事制度を構築したり、すべての行職員の労働時間等を把握して給与や社会保険等の計算を行ったりすることがあげられます。また、新入行職員や管理職、テラーや融資担当者など、さまざまな階層や職種への研修を企画、実施するのも人事部の仕事です。

総務セクションでは、コンプライアンス（法令遵守）に関わるルール作りやモニタリングを行う金融機関もあります。たとえば、独占禁止法や金融商品取引法等を守るための体制整備や、反社会的勢力との取引排除のための営業現場への支援です。加えて、訴訟の窓口対応も行います。ほかにも、本支店のビルの設備をはじめ、行職員の制服や机・文房具といった細かな備品に至るまで、職場環境を整える役割も担っています。従業員の健康管理を行うのも総務部です。

審査部門

融資にあたっては、支店の担当者が融資案件の稟議書を作成した後、上司、支店長と稟議書をまわすのが一般的です。ただし、案件によっては、支店長の権限だけでは融資を決められないケースがあります。たとえば、融資金額や金利の優遇幅が支店長の決裁権限を超えている場合や、返済能力や担保・保証人が規定を満たさない場合などです。このような場合、稟議書は本店にある「審査部」に送られ、決裁を仰ぐようになっています。審査部においても、担当者の決裁で済む場合、部長の決裁が必要な場合、役員決裁まで必要な場合などさまざまです。

審査の結果は、主に「承認」「条件付承認」「否決」に分かれます。条件付承認とは、「融資期間を7年で申請したところ、5年に短縮するよう条件が付く」、あるいは「無担保で申請したところ、担保を取るよう条件が付く」等があげられるでしょう。

支店単独での判断に任せていたのでは、取引先の要請にできるだけ応えようとするあまり、

適切な判断が損われる危険が考えられます。こうしたことを防ぐために、審査部では、組織として偏らない与信判断を行う役割を担っています。

企画部門

「企画部門」は、中期経営計画や当期経営計画といった経営戦略を立てる等、組織全体の決めごとを行う金融機関の中枢部門です。日頃から、各業務部門から上がってきた計画書をチェックし、他部門との調整をすることで、自行の経営計画の策定を行っています。

　また、経営戦略を立てるだけでなく、それを実現するための方策を検討する役割も担っています。たとえば、経営計画に沿って、各業務部門に対する業務目標の設定を行ったり、これらを、さらに各支店へ割り振ったりすることです。

　加えて、業績の進捗が芳しくない支店への個別指導を行うなど、目標達成のための管理業務も行っています。士気を高めるために、業績の達成度合いに応じて、支店や営業担当者を表彰するなどの工夫をしているところも多いでしょう。

　一般企業でいう財務部門にあたる業務を担うのも企画部門です。主計担当は、日々の資金の出入りを管理し、月次や四半期、半期ごとに決算を行って、本決算の際は財務諸表の作成を行っています。

　金融庁等の主管官庁との窓口となって、金融庁の検査等へ対応することも業務の１つです。ほかにも、業界団体である全国銀行協会や地方銀行協会等とのパイプ役も担っています。

事務管理部門

　事務管理部門では、事務に関する規定を策定し、それを規定集（マニュアル）にまとめて、各支店に備え付けています。そのため、事務手続の照会先となっていたり、規定外への対応についての相談窓口となっていたりすることが多いでしょう。支店で必要な申込書・伝票などの各種帳票類、融資のための金銭消費貸借契約書や担保取得手続に必要な契約書など、膨大な種類の契約書の作成も引き受けています。

　日常の定型的な事務を１ヵ所に集中して処理を行う「事務管理センター」を運営しているのも事務部門です。事務管理センターでは、手形・小切手の処理や、給与振込などの大量な振込の一括処理、端末への入力作業などの作業を集中して行っています。事務の内容によっていくつものセクションに分け、同じ業務を集中的に扱うことで、効率的な作業を行う体制を構築しています。

システム部門

　金融機関のシステムには、勘定系と情報系があります。勘定系は、預金、為替、融資金等に伴う資金の出入りを扱うものです。それに対して、情報系では、顧客情報の管理等を行っています。これらのシステムを企画し、保守運営するのが「システム部門」です。

　企画担当者は、日々変化する業務内容に対応するため、システムの利用者である本部の各部門や各支店、ATM、インターネットバンキングを利用するお客さまのニーズを把握し、システムを納入する業者との間に立ち、開発を推進する役割を担っています。

　近年、金融機関のシステムは、ITシステムの複雑化、サイバー攻撃の高度化などにより、多くの顧客に影響を及ぼすトラブルが発生しています。システムの不具合の発生で他行への振り込みなどが停止され全国的に影響が広がる事例もあります。サイバーセキュリティを含めたシステムのリスク管理の態勢強化が求められています。

　また、コスト削減の観点から、システム専門業者に外部委託するほか、地銀などでは顧客データや店舗運営を管理するシステムを共同開発する動きも見られます。

市場部門

　金融機関には、預金や貸金によって、多額の資金が出たり入ったりしています。そのため、日々の資金が不足すれば、それを埋めなくてはなりません。資金が余れば、それを金融機関同士が資金を融通しあう市場であるインターバンク市場に出すなどして、運用に回すことが必要となります。

　また、自行の収益を上げるためにも、国債を買うことをはじめとしてさまざまな投資を行っていますが、これを担当するのも市場部門の業務です。円の資金だけではなく、外貨の取引も取り扱っています。

　支店に対して、預金金利や貸出金利の基準金利、外貨の為替レートなどを通知するのも、市場部門です。

　そのほか、金利上昇リスクを回避するための金利スワップや、外為レートの上昇を避けるための通貨スワップといったデリバティブ取引も、市場部門が担当しています。

リスク管理部門

　リスク管理部門では、自行の財務の健全性をコントロールするような資産査定ルールの策定や、その運用を担います。具体的には、貸出などの運用におけるリスクが一定の水準に収まっているように、資産・負債のバランスをコントロールするALM（アセット・ライアビリティ・マネジメント）を専門的に行っています。たとえば、貸出先の倒産確率や担保による保全の金額などにより、貸出資産のリスクを数値化するなどの仕事をしています。

その他の部門

○　**法務部門**

　法務部では、各種契約書の作成やチェック、支店からの法律にかかわる事項の相談等も担当しています。コンプライアンスを取り扱う部署としている金融機関もあります。

○　**広報・IR部門**

　広報・IR担当部門は、株主総会の対応やアナリスト向けのミーティングの対応、自行の広告にかかわる事項や、マスコミへのプレスリリースや取材等への対応を行っています。

○　**検査部門**

　金融庁は、銀行法に基づく行政権限を根拠に金融機関の法令順守や財務リスクの分析などを中心に検査を行います。一方、日銀は金融機関との契約に基づき、マーケットの変動が金融機関の経営に与える影響などに着目して考査を行います。金融庁と日銀は、2020年11月に「金融庁検査・日本銀行考査の連携強化に向けたタスクフォース」を設置し、連携強化を進めています。

　各金融機関では、独自に「検査部門」を設置し、その支店や本店各部において、自行の規定に基づいた業務執行が行われているかについて検査（自行検査）を行っています。検査部門が正常に機能することで、不正を未然に防止する機能が働きます。

○　**国際部門**

　海外拠点を有する金融機関では、「国際部門」が海外戦略を担っています。具体的には、海外の金融機関の信用力や日系企業の進出情報の調査、海外現地情報の収集などの海外情報を集約して、どの国のどの地域に拠点を開設し、あるいは閉鎖するかなどの海外拠点戦略を行います。

○　**投資銀行部門**

　1つの金融機関が多額の融資のリスクをとることが困難な場合、シンジケートローンといわれる他行との協調融資を行う場合があります。シンジケートローンの組成は、アレンジャーといわれる金融機関の投資銀行部門が担います。

　近年、フィー（手数料）ビジネスに力を入れる金融機関が増えていますが、M&Aによるフィナンシャルアドバイザー手数料も金融機関にとっては貴重な収益となっています。M&Aを専門に行う部署も、投資銀行部門の中に置かれることが多いようです。

第1章　マナー編

第2章　業務編

第3章　知識編

COLUMN

マイナンバー制度

マイナンバー制度は、国民一人ひとりに12桁の個人番号（マイナンバー）を持たせることで、社会保障や税、災害対策の分野で個人に関わる情報を効率的に管理するための制度です。

これにより、従来、基礎年金番号、医療保険被保険者番号、住民票コードなど各別に管理されていた情報が同じ人のものであることを確認することが容易になります。なお、マイナンバーを用いた「公金

受取口座登録制度」は、給付金等の受取のための預貯金口座を一人一口座、国（デジタル庁）へ登録する制度です。また「預貯金口座付番制度」は、預貯金口座とマイナンバーを紐づけて管理する制度です。

COLUMN

NISA（少額投資非課税制度）

2014年にスタートしたNISAは、2023年度税制改正において抜本的拡充・恒久化が図られ、2024年から新しいNISA制度に生まれ変わりました。

本来、株式投資や投資信託

など資産運用によって得られた利益には約20％の税金がかかりますが、NISA制度を利用した運用益には税金がかかりません。

金融庁は、長期・積立・分散投資によって家計が安定的

な資産形成に取り組めるように制度の利用促進に努めており、その窓口となる金融機関に対しては、顧客本位の業務運営を行うよう求めています。NISA制度の概要は次のとおりです。

	つみたて投資枠	併用可	成長投資枠
年間投資枠	120万円		240万円
非課税保有期間	無期限化		無期限化
非課税保有限度額（総枠）	1,800万円 ※簿価残高方式で管理（枠の再利用が可能）		
			1,200万円（内数）
口座開設期間	恒久化		恒久化
投資対象商品	長期の積立・分散投資に適した一定の投資信託〔従前のつみたてNISA対象商品と同様〕		上場株式・投資信託等〔①整理・監理銘柄②信託期間20年未満、毎月分配型の投資信託およびデリバティブ取引を用いた一定の投資信託等を除外〕
対象年齢	18歳以上		18歳以上

※2024年1月現在。制度の詳細は金融庁資料等を参照してください。

第3章
知識編

金融機関で働くためには、金融に関する知識を身につけることも大切です。一見、金融とは関係なさそうな世の中の動きも、実は金融と密接に結びついています。日頃から情報にアンテナを張り、お客さまとのコミュニケーションに活用できるようにしましょう。

1 金融を動かす 事柄・指標を知る

❶ 日本銀行

日本銀行は、わが国唯一の中央銀行です。一般的な金融機関と異なり、一般市民や企業に直接お金を貸したり預金を引き受けたりはしませんが、日本の金融機構の中核として、特別な役割を担っています。日本銀行の主な機能をみていきましょう。

日本銀行の３つの機能

日本銀行（日銀）は、「発券銀行」としての機能を果たしています。わが国では日本銀行が発行する「日本銀行券」だけが、紙幣として認められています。日銀は、「銀行の銀行」として、銀行などの金融機関から預金を受け入れたり、貸付や手形の発行、国債などの売買を行ったりしています。また、「政府の銀行」として、政府の資金を預かるほか、外国為替市場への介入や国債の発行事務などを行っています。

日本銀行が行う金融政策

日銀が行う金融政策の最も代表的な手段は、「オペレーション（公開市場操作）」です。これは、金融市場において日銀が金融機関と債券などを売買することにより、市場に資金を供給したり吸収したりするものです。金融機関へ債券などを売却することを「売りオペレーション」、購入することを「買いオペレーション」といいます。たとえば、買いオペレーションは日本銀行が金融機関から国債などを購入するので、日本銀行から金融機関へ資金が供給されることになります（金融緩和）。その結果、市場の資金量が増え、金利は低めに誘導されるわけです。

図表3-1　オペレーションの仕組み

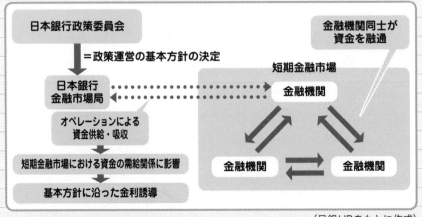

（日銀HPをもとに作成）

②金利

　銀行などの金融機関にお金を預けると利子が付きます。また金融機関から住宅ローンなどお金を借りると、利子を支払わなければなりません。利子を計算するもとになる「金利」にはどのような意味があり、その水準はどのように決められるのでしょうか。

金利の意味

　金利とは、お金の貸し借りをする際、借り手から貸し手に支払われるレンタル料を、元金に対する割合で表したものです。レンタル料を払わなければならないのは明日のお金より今日のお金のほうが価値があるという考え方がベースにあるからです。

　では、どうして今日のお金のほうが価値が高いのでしょうか。1つ目の理由は「機会費用（オポチュニティ・コスト）」です。今持っているお金は、さまざまなものに使ったり投資したりすることが可能です。それを誰かに貸す（預ける）ということは、別な投資によってお金を増やせるかもしれない可能性をあきらめることになり、機会費用が発生するのです。2つ目の理由は、「物価の上昇（インフレ）」です。経済が成長していく過程では、インフレが原則です。今日1万円で買えたものが将来2万円出さなければ買えないとすれば、将来の1万円は現在の半分の価値しかないことになります。つまり、お金の価値が目減りするわけです。そして3つ目は、「不確実性（リスク）」です。貸したお金は、企業や金融機関の破たんによって、将来返ってこないリスクがあります。手元のお金を一定期間手放すことによって、これらのリスクやコストへの見返りをもらうというのが、金利の基本的な考え方です。

金利の種類と決まり方

　1年未満のお金の貸し借りに適用される金利を「短期金利」、1年以上に適用される金利を「長期金利」と呼びます。

　短期金利の代表は、銀行間の資金融通を行うコール市場の「無担保コールレート翌日物」です。日本銀行がこれを金融政策の誘導目標としていることから、「政策金利」とも呼ばれます。一方、長期金利の代表的指標は、新発10年物国債の利回りです。金融政策の影響を強く受ける短期金利と異なり、長期金利は資金の需給関係や期待インフレ率など、さまざまな影響を受けて動きます。

　市場金利が一定であっても、実際の取引の際に適用される金利は、借り手の信用度や借入期間、資金の使いみちなどで異なります。他の条件が同じ場合、原則的に、借り手の信用度は低いほうが、期間は長いほうが、また使いみちが決まっていないほうが、金利は高くなります。

③ 株価

　企業が発行する株式の、現在取引されている値段を株価といいます。株価は企業固有の業績のみならず、国内外の景気や政治的・社会的状況など、さまざまな要因で動きます。ここでは、景気の先行指標である株価についてみていきましょう。

株価の意味

　株価は、その企業の現在価値を発行済み株数で割って算出しますが、実際には、企業価値の理論値とはかけ離れた株価を形成しているケースも少なくありません。このことから、株価は投資家の期待感を表しているともいえるでしょう。

　一日の取引で最初についた値段を「始値」、最後についた値段を「終値」、一番高い値段を「高値」、一番低い値段を「安値」といいます。株価は時々刻々と動きますが、これら「四本値」の動きを追うことで、トレンドを把握することが可能です。

株価の変動要因

　株価の変動要因には、「企業の本質的価値」、「環境的要因」、「市場の内部的要因」などがあるといわれています。

　株価は、原則として収益力や成長性、ブランド力など、企業が本来もっている価値に基づいて決定されます。そのため企業業績が良くなれば、一般的に株価は上がります。しかし、たとえ業績が上がっても、その上がり方が業績予測より低ければ、株価は下がることが多くなるので注意が必要です。つまり、予測に比べてどうか、ということが問題なのです。

　個別企業の業績とともに、景気や金利・為替などの経済的環境や、政変・災害といった政治的・社会的環境も大きな要因です。株価は景気の状況を先取りして動くといわれていますが、景気が良くなれば企業活動が活発になり株価は上昇、景気が悪くなれば活動が鈍くなって株価は下落します。

　また、為替はもちろん、外国の株価による影響も無視できません。さらに外国人投資家の日本の株式市場の売買高（金額）は、市場の6〜7割を占め、その動向が日本の株価に大きな影響を及ぼすことも少なくありません。特に日経平均先物など先物市場の動向が注目されています。

　このほか、需給関係、市場心理、減資・増資など、市場の内部的要因もあります。需給とは、株を買いたい人と売りたい人の力関係のことをいいます。株を買いたい人のほうが多ければ株価は上昇しやすく、売りたい人が多ければ株価は下落しやすくなります。

④外国為替

為替レートは2つの国の通貨の交換比率で、為替相場ともいわれます。学生時代には海外旅行のときくらいしか興味がなかったかもしれませんが、為替相場は企業業績や経済全体に大きな影響を与えます。為替の変動要因などについてみていきましょう。

外国為替とは

現代の経済活動はワールドワイドです。企業や個人が輸入品を購入したり、海外の資産に投資したりするのは日常的です。同じ額の日本円を持っていても、為替相場によっては、お金の価値が増えたり、減ったりすることになります。

外国の通貨に対して円の価値が高いことを「円高」、低いことを「円安」といいます。1ドル＝130円であったものが1ドル＝120円になると、より少ない円で1ドルに交換できることから、円の価値が上がったと考えて「円高」というわけです。反対に140円になると、より多くの円が必要になる、つまり円の価値が下がったということで「円安」になります。

戦後、日本は長い間1ドル＝360円の「固定相場制」をとっていましたが、1973年以降は「変動相場制」となり、現在に至っています。

図表3-2 為替相場のイメージ

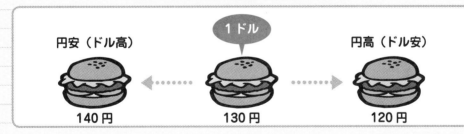

為替と企業収益の関係

為替は、企業収益に影響を及ぼします。円高になると、海外から少ないお金で物を買うことができるため、原油や食品、原材料を輸入し加工・販売している企業では、業績にプラスに働きます。一方、自動車や機械などの輸出企業は、円高によって海外で販売する際の価格が上昇するため、販売数が落ち込んだり商品を値下げすることになり、利益が減少、業績悪化に。円安になると、これとは逆のことが起こります。

日本全体でみると、輸出依存型の企業が多いため、円高は原則として経済にマイナスの影響を、円安はプラスの影響を与え、株価の変動要因になると考えられています。

⑤ 物価～インフレ・デフレ

　物価は、財やサービスの平均的な価格のことをいいます。物価が全般的かつ持続的に上昇し、相対的にお金の価値が下がることを「インフレーション（インフレ）」、物価が下落することを「デフレーション（デフレ）」といいます。景気と物価の関係をみていきましょう。

景気と物価の関係

　一般的に、景気が良くなると物やサービスの買い手が増えるので、需要と供給の関係から物価は上昇します。インフレ傾向が強くなると、価格が上がらないうちに早く物を買おうという動きが強まります。なかにはお金を借りて物を買おうという人も出てくるため、金利は上昇傾向となります。反対に、景気が悪くなって皆が物を買わなくなると、物価が下がり、金利も下がることになるのです。

　一見すると、消費者にとって物価が下がるのはうれしいことですが、行き過ぎた物価の低迷は企業の収益を圧迫し、設備投資を調整したり、従業員の給料や雇用に悪影響を与えたりすることになります。日本では長い間デフレ状態が続いていましたが、大規模な金融緩和などによってデフレ脱却の兆しが見え始めています。

景気好転	⇒	物価上昇	⇒	金利上昇
景気悪化	⇒	物価下落	⇒	金利下落

物価の見方

　このように、景気と物価は密接な関係にあることから、物価の動向を指数化して総合的にみることで、経済の動向を把握することが可能です。

　物価指数は、「企業物価指数」と「消費者物価指数」に大別されます。日本銀行が発表する企業物価指数は、企業間での取引価格の動きを総合的にみるもので、国内市場向けの国内生産品を対象とした「国内企業物価指数（PPI）」、輸出品の価格を対象にした「輸出物価指数（EPI）」、輸入品の価格を対象にした「輸入物価指数（IPI）」に分けられます。

　一方、総務省が発表する消費者物価指数（CPI）は、消費者が日常的に購入する財やサービスの価格の動きをみるもので、食料品や電気製品などの財のほか、家賃や授業料といったサービスの価格を含めた総合指数となっています。

　消費者物価指数は「経済の体温計」とも呼ばれており、その結果は、日本銀行が金融政策における判断材料として使用しているほか、年金や賃金、公共料金などの改定の参考に使われるなど、官民問わず幅広く利用されています。

❻ 代表的な指標

金融のプロとして経済を理解するためには、さまざまな指標を知っておくことが大切です。ここでは、経済の動向を把握するための代表的な指標として、GDP、景気動向指数、日銀短観、マネーストックについて紹介します。

GDP（国内総生産）

「GDP＝Gross Domestic Product」は、1年間に日本国内で新しく生み出された財やサービスの付加価値の合計です。内閣府が、消費や設備投資、住宅投資、公共投資、輸出などのデータを項目別に積み上げて、四半期ごとに発表しています。日本のGDPは550兆円を超え、その約5割を家計消費が占めています（2022年）。また、国民1人あたりに換算すると、400万円以上になる計算です。

GDPには、「名目GDP」と「実質GDP」があります。名目GDPはその年の経済活動水準を市場価格で評価したもの、実質GDPは名目GDPから物価変動の影響を取り除いたものです。また、名目GDPを実質GDPで割ったものを、「GDPデフレータ」といいます。これは、一国全体の物価変動を示す指数で、この変化率がプラスであればインフレ、マイナスならデフレとされます。GDPデフレータは、輸入物価の上昇による影響を控除した国内物価水準を表しているという点で注目されています。

GDPが1年間にどれくらい伸びたかを表したのが「経済成長率」です。高度成長期の経済成長率は10%を超えていましたが、2000年以降は良くても3%台、マイナス成長の年も散見されます。

図表3-3　日本の実質GDPの推移（1956〜2022年度）

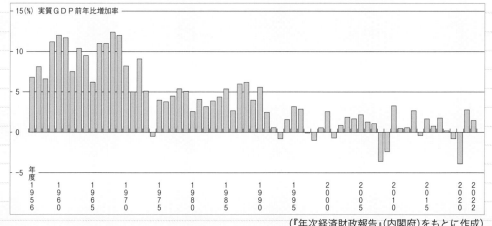

（『年次経済財政報告』(内閣府)をもとに作成）

景気動向指数

「景気動向指数」は毎月、内閣府が発表しているもので、生産、投資、雇用、消費などにおける代表的な指標の動きを統合して作られています。

　景気動向指数には、CI（Composite Index）とDI（Diffusion Index）があります。CIは景気変動の大きさやテンポを測定、DIは景気の各経済部門への波及度を測定することを主な目的としています。従来、景気動向指数はDIを中心とした公表形態でしたが、2008年4月以降、CI中心に移行されました。

　CIとDIにはそれぞれ、景気に対し先行して動く「先行指数」、ほぼ一致して動く「一致指数」、遅れて動く「遅行指数」があります。先行指数は11の指標で構成され、一般的に景気の動きを予測する目的で利用されます。一致指数は、景気の転換点にほぼ一致して動く10の指標で構成され、景気の現状把握に使われます。遅行指数は9つの指標からなり、事後的な確認に利用されます。

全国企業短期経済観測調査（日銀短観）

「全国企業短期経済観測調査」は、日本銀行が年4回、景気の現状と先行きについて企業に直接アンケート調査を行うもので、「日銀短観」の略称で知られています。速報性にすぐれ、金融政策の変更に影響を与えることも多くなっているため、注目度の高い経済統計です。

　なかでも注目されているのは「業況判断DI」。会社の業況について、「良い」「さほど良くない」「悪い」という3つの選択肢のなかから1つを選んでもらい、業況が「良い」と答えた企業の割合から、業況が「悪い」と答えた企業の割合を引いて算出します。

　調査時点だけでなく、3ヵ月後の状況についても判断を求めているため、足元の状況はもちろん、景気の先行きについて、企業経営者がどうみているかを把握するのに役立ちます。

マネーストック

「マネーストック」は、一般法人や個人、地方公共団体などが保有する通貨量の残高をさし、日本銀行が毎月発表しています。金融機関や政府が保有する預金などは含まれません。

　マネーストック統計には、通貨の範囲に応じて、「M1」「M2」「M3」「広義流動性」の4つの指標があります。M1 は、最も容易に決済手段として用いることができる現金通貨と要求払預金を足したものであり、M2は、M1からゆうちょ銀行などの預貯金を除き「定期性預金」や「譲渡性預金（CD）」などを足したものです。M3は、M2にゆうちょ銀行などの預貯金を加えたものです。そして広義流動性は、M3に、投資信託や国債など一定の流動性を有すると考えられる金融商品を加えたものです。マネーストックが多いとインフレが進行しやすくなりますので、日銀は、これを金融政策実施の指標として利用しています。

2 金融機関に関係するルールを知る

① 金融機関の自己資本比率規制

金融機関の経営において、自己資本が大幅に減少するといったことが起こると、その経営が立ち行かなくなってしまうことも考えられます。その影響は甚大です。金融機関の「自己資本比率規制」は、それを回避するためのルールです。

自己資本比率

自己資本比率は、「自己資本÷リスク（信用リスク＋市場リスク＋オペレーショナル・リスク）」で算出されます。自己資本とは、通常の株式や内部留保（準備金）等のことです。一方、リスクとしては、貸出金等が貸し倒れとなることを考慮した信用リスク、保有する株式や債券等の変動を勘案した市場リスク、事務ミスや不正行為等によって被る損失であるオペレーショナル・リスクをそれぞれ数値化して用いることになっています。

金融システムの破たんを回避するための規制として、金融機関には自己資本比率規制が課せられています。海外に営業拠点をもつ金融機関の場合、自己資本比率が8％以上あることが国際的な統一基準として求められています。海外に営業拠点をもたず、国内業務を行う金融機関に求められるのは、国内基準として4％以上の自己資本比率です。

なお、金融庁では、この自己資本比率という客観的な基準によって、経営改善計画の提出や、その実施を命令するなど、必要な是正措置を発動し、金融機関経営の健全性を促しています。これを「早期是正措置」といいます。

BIS規制

国際業務を行う金融機関に対して、自己資本比率の具体的な算出方法や最低基準を決めているのは、スイスのバーゼルにあるBIS（国際決済銀行）で、自己資本比率に関する国際統一基準のことを「BIS規制」と呼びます。1988年に国際的に銀行監督を行うバーゼル委員会（バーゼル銀行監督委員会）が策定したことから、「バーゼル合意」ともいわれます。

世界的な金融危機に教訓を得て、バーゼル委員会（2019年6月現在、G20諸国を中心に構成）では、さらに自己資本の質と量の向上を求める新たなルール、「バーゼルⅢ」を策定しています。これによって、たとえば、業績が悪化したときに配当を機動的に減らすことができる普通株と、過去の利益の積み重ねである内部留保から成る「中核的自己資本」の引き上げが求められます。また、資金流出に備えて、一定比率以上の流動性資産を保有することを求める流動性規制も適用されるようになります。

② 預金保険制度とペイオフ

　預金保険制度は、金融機関が万一破たんした場合に、預金者等の保護や資金決済の確保を図り、信用秩序の維持を目的とした制度です。この制度は、預金保険法によって定められ、政府・日本銀行・民間金融機関の出資により設立された預金保険機構によって運営されています。

預金保険制度の対象となる預金

　預金保険制度に加入している金融機関が破たんしても、お客さまの預金等は、ペイオフによって一定額まで保護されます。保護の対象となるのは、当座預金や利息のつかない普通預金などの決済用預金の全額と、利息のつく普通預金や定期預金といった一般預金等のうち、1金融機関ごとに合算して1人当たり元本1,000万円までと破綻日までのその利息等です。1,000万円を超える部分については、破たんした金融機関の財産の状況によって支払われることになるため、一部カットされる場合があります。

　なお、外貨預金、譲渡性預金などは、保護の対象外で、破たんした金融機関の財産の状況に応じて支払われることになっています。対象になるものとそうでないものを区別し、混同しないようにしましょう。

預金保険制度の対象となる金融機関

　預金保険の対象となる金融機関は、日本国内に本店がある銀行、信用金庫、信用組合、労働金庫、信金中央金庫、全国信用協同組合連合会、労働金庫連合会、商工組合中央金庫です。ただし、これらの金融機関であっても、海外にある支店は対象外です。外国銀行の在日支店も対象外ですが、日本国内に本店のある金融機関の場合は、外国金融機関の子会社（外国金融機関の日本法人）も対象となります。なお、農林中央金庫、農業協同組合、漁業協同組合などは預金保険の対象外ですが、農水産業協同組合貯金保険制度によって保護されています。

　金融機関が合併した場合などは、その後1年間に限り、保護される預金等の金額の範囲は、全額保護される預金を除いて、「お客さま1人当たり1,000万円×合併等に関わった金融機関の数」となります。

❸ マネー・ローンダリングの防止

　犯罪によって得た資金を、口座を転々とさせたり、金融商品や不動産、宝石に変えたりすることで、その出所や真の所有者を隠そうとする行為をマネー・ローンダリング（資金洗浄）といいます。マネー・ローンダリングやテロ行為等への資金供与を防止することを目的として、2008年に「犯罪による収益の移転防止に関する法律（犯罪収益移転防止法）」が施行されました。以降、政府間会合であるFATF（Financial Action Task Force）の指摘などから同法の改正・拡充が行われたほか、金融庁によるガイドラインの制定など、金融機関においてはより堅確な対応が求められています。

　このほかFATFは、国際基準の策定や各国における勧告の遵守状況の審査を実施しており、2021年公表の第4次対日相互審査結果では、日本は「重点フォローアップ国」とされ、法令等整備状況について改善状況を報告する義務が課せられています。2025年以降、FATF審査は加盟各国において順次第5次審査に入る予定です。

犯罪収益移転防止法

　犯罪収益移転防止法により、金融機関には、口座開設、10万円を超える現金の振込、200万円を超える現金の受払いなど、法令に定められた取引をお客さまと行う際の「取引時確認」が義務づけられています。取引時確認においては「確認記録の作成および保存」、「取引記録の作成と保存」を行うとともに、「疑わしい取引の届出」が義務づけられています。

取引時確認の方法

　お客さまとの取引開始時には、「本人特定事項」を確認します。個人のお客さまの本人特定事項とは、氏名・住所・生年月日です。ほかにも、職業や取引を行う目的などについて確認を行うこととされています。本人確認のための書類としては、所定の公的証明書が必要です。たとえば、運転免許証、旅券（パスポート）、マイナンバーカードなど顔写真入りの書類はその書類1点、顔写真のない書類（健康保険証など）は2点を提示していただきます。

　お客さまが法人の場合は、名称・本店や主たる事務所の所在地、事業内容、来店された方の氏名・住所・生年月日などを確認します。ほかにも、取引を行う目的、25%超の議決権（株式等）を直接または間接に保有する実質的支配者に該当する方の氏名・住所・生年月日の確認も行う必要があります。本人確認のための書類は、登記事項証明書、印鑑証明書、定款などです。

④ 個人情報の適切な取扱い

　情報通信技術の進展に伴い、個人情報の利用価値は高まり、その重要性は増しています。一方で、個人情報の漏えい事件が後を絶たないなど、個人の権利や利益の侵害の危険性も高まっています。2005年4月に全面施行された個人情報保護法は、個人情報の取扱いに関するルールを定めています。2017年施行の改正法において、国際的動向や情報通信技術、新たな産業の創出・発展状況に鑑み、3年ごとに見直すことが定められており、その動向に注意が必要です。

個人情報保護法

　個人情報保護法は、一定数以上の個人情報をデータベース化して、その事業活動に利用している「個人情報取扱事業者」に対して、その取扱いに関するルールを定めたものです。

　ここでいう個人情報とは、生存する個人に関する情報で、これに含まれる氏名、生年月日その他の記述等により、特定の個人を識別することができるものをいいます。具体的には、氏名、生年月日のほか、住所、年齢、職業、電話番号、家族情報、資産内容、口座番号、個人識別符号（免許証番号、指紋・掌紋等）などがあげられます。また、顧客IDなど他の情報と容易に照合することができ、それによって特定の個人を識別できるものも含まれます。

個人情報取扱事業者として知っておきたいルール

　個人情報取扱事業者が、お客さまから、個人情報をいただく場合には、あらかじめ利用目的を明示しなくてはなりません。もちろん、個人情報を不正な手段で取得することは厳に慎むようにしましょう。また、顧客情報の漏えいなどを防止し、個人データを安全に管理するための措置を講じたり、従業者や委託先を監督するなどの義務もあります。必要な範囲で、個人データを正確かつ最新の内容に保つ必要があるともされています。

　個人データを第三者に提供することも制限されています。ただし、警察や税務署などから法令に基づいて照会等があった場合は例外です。なお、本人から求めがあった場合は、保有する個人データを本人に開示しなければなりません。また、状況に応じて、訂正、利用の停止等を行わなければならないとされています。

　個人情報は、その取扱いを間違うと、お客さまの財産を侵害したり、迷惑行為に巻き込んだりといったことも起こりえます。金融機関としての信用も損なわれるでしょう。何が個人情報にあたるのか、どういった利用であればルールに抵触しないのかを正しく理解して、上手に活用することが望まれます。

⑤ 金融商品の販売にかかるルール

　金融商品の販売に際しては、金融市場に関する広範なルールを定めた金融商品取引法のほか、消費者保護の見地から施行された金融商品販売法（2021年、金融サービス提供法に改組）に規定される、お客さまへの勧誘・説明等に関する法的規制を遵守する必要があります。また金融庁は、2017年に「顧客本位の業務運営に関する原則」を公表しており、各金融事業者は、これに則った金融サービスの提供を行うことが求められています。

金融サービス提供法

　金融サービス提供法は、旧金融商品販売法の内容を維持した上で、各種金融商品をワンストップで提供できる「金融サービス仲介業」に関する通則や業務規制が加えられた内容で、同法が対象とするのは、預貯金、国債、株式、投資信託、保険、デリバティブ取引等、幅広い金融商品です。同法では、金融機関がこれらの商品を販売する際、元本欠損のおそれがあることをはじめとする金融商品のもつリスク等の重要事項について、お客さまにご理解いただけるように説明しなくてはならないとしています。

　本法は、金融機関が上記の説明義務や断定的判断の提供禁止に違反した結果、お客さまが損害を被った場合には、損害賠償責任を負わなければならないと定める点に特徴があります。

金融商品取引法

　金融商品取引法が対象とするのは、国債、株式、投資信託、デリバティブ取引等の投資性のある金融商品です。金融機関がこれらを販売するにあたっては、お客さまの知識や経験、資産状況、購入目的等を確認したうえで、お客さまに合った商品の勧誘を行わなければなりません。たとえば、投資知識や経験が全くなく、資金の余裕もないお客さまにハイリスクの投資信託を勧めることは「適合性の原則」に反することになります。

　また、値動きのある商品について、「絶対に得をします」「必ず金利は上がります」というように、不確実なことについて、断定的な見解を伝えたり、またはそう思わせるような表現をしたりしてお客さまの投資判断を誤らせてはなりません。

　金融商品取引法では、さらに金融機関に対して、金融商品を販売する際は、お客さまに、契約内容などをあらかじめ書面にして渡すように義務づけています。また、契約成立時にも、契約内容を記した書面を、速やかにお客さまに交付しなければなりません。

❻ 振り込め詐欺等の防止

「振り込め詐欺」による被害が後を絶ちません。振り込め詐欺とは、電話口で子どもや孫を装い、「交通事故を起こして示談金が必要になった」「借金の返済を迫られている」といった、もっともらしい話を作りあげてお金を振り込ませる「オレオレ詐欺」をはじめ、「架空請求詐欺」「還付金等詐欺」等の総称です。振り込め詐欺を防止するための取り組みを見ておきましょう。

振り込め詐欺救済法

　振り込め詐欺の被害に対応するため、2008年から「犯罪利用預金口座等に係る資金による被害回復分配金の支払等に関する法律（振り込め詐欺救済法）」が施行されています。この法律の目的は、被害にあったお客さまの財産を迅速に回復することです。従来であれば民事訴訟を起こさなければならなかったものが、同法の施行によって、口座にお金が残っていれば、裁判なしに返金できるようになりました。

被害にあったお客さまの救済

　同法では、お客さまの救済のために、金融機関や預金保険機構が行う一連の手続きについて定めています。

　金融機関は、振り込め詐欺等の被害にあったお客さまから、その旨の申し出があると、犯罪に利用された疑いのある預金口座等の取引を停止する措置をとります。次に行うのは、預金保険機構のホームページでその口座名義人の権利を消滅させる公告手続きです。その後、被害にあったお客さまから支払申請の受付を行い、それぞれの被害回復分配金を確定する作業を行います。分配されるのは、振込先の口座が凍結されたときの残高が上限です。不足分を金融機関が補填することはありません。

　この法律が救済の対象とするのは、金融機関の預金口座等への振込等を利用した詐欺等によって被害を受けた場合です。振込を利用せずに、現金を郵送したり、手渡しをしたりすることによって被害を受けた資金については、救済の対象にはなりません。振り込め詐欺をはじめとする特殊詐欺の態様は次々に形を変え、その被害発生は拡大しています。お客さまが慌てた様子でまとまったお金を引き出すなどの行動がみられたときは、慎重に対応するようにしましょう。

3 経済を動かす社会情勢 (トピックス)を知る

❶ 少子高齢化

少子高齢化とは、出生率の低下により子どもの数が減少する「少子化」と、総人口のうち65歳以上の割合が増大する「高齢化」とが、同時に進行している状況のことです。ここでは、少子高齢化の現状と、それに伴う経済への影響をみていきましょう。

日本の人口動態

総人口に占める65歳以上の人口の割合が7%以上の社会を「高齢化社会」、14%以上を「高齢社会」、21%以上を「超高齢社会」と呼びます。現在の日本は高齢化率29.0%(2022年)と、「超高齢社会」といえる段階で、平均寿命、高齢者の数、高齢化のスピードという3つの面から、世界一の高齢社会であるともいわれています。

一方、日本は15歳未満の人口の割合が11.6%と、子どもの数が高齢者の数に比べて著しく少ない「少子社会」にもなっています。また、1人の女性が一生涯に産む子どもの平均数である「合計特殊出生率」は1.26(2022年)。近年は人口を維持するための2.08程度を大幅に下回る状況が続いており、2011年以降、総人口も減少に転じています。

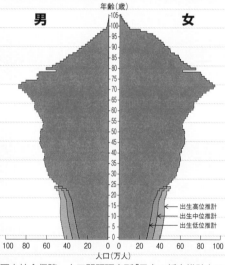

図表3-4　2045年に予想される我が国の人口ピラミッド

(国立社会保障・人口問題研究所「日本の将来推計人口(令和5年推計)」より)

人口動態と経済の関係

経済成長率は、人口の増加率と1人当たり生産額の増加率ではかられるため、人口減少は経済成長にマイナスに働きます。高齢化の進展は、労働力の低下につながり、企業の生産活動が停滞し、1人ひとりの生活水準が低下する懸念もあります。また、貯蓄を取り崩す傾向にある高齢者の割合が増えることで、貯蓄率の緩やかな低下が見込まれます。

年金や医療・介護といった社会保障制度への影響も甚大です。たとえば日本の年金制度は、現役世代が高齢者世代を支える仕組みになっているため、人口構成が変化すれば、給付と負担のバランスが崩れ、年金財政は悪化します。

こうした事態は国民の将来不安を増大させ、消費へまわるお金を減少させることから、経済がさらに停滞する悪循環にもなりかねません。

❷ 公的年金

　公的年金は、老後を自立して生きるための基盤である所得保障です。しかし、少子高齢化の進展などにより、現在の制度を維持するのが難しくなっており、国民の将来不安の一因ともなっています。公的年金制度の概要と問題点をみていきましょう。

年金制度の概要

　日本の年金制度は、原則として国内に住所のある20歳以上60歳未満のすべての人が加入する「国民皆年金」となっています。1階部分は、全国民に共通した「国民年金」。ここから給付される年金を「基礎年金」といいます。2階部分は、国民年金の上乗せとして、民間の会社員や公務員が加入する「厚生年金」があります。さらに3階部分として、会社員などには会社独自の「企業年金」、公務員には「年金払い退職給付」という上乗せがあります。

　自営業者などは1階の国民年金だけで、原則として2階部分がありませんが、希望すれば国民年金基金や付加年金などの2階部分を付けることも可能です。

　また、公的年金の被保険者が任意で加入するiDeCo（個人型確定拠出年金）という私的年金の制度があり、税制優遇を受けながら老後資金を準備することができます。

　公的年金には一定の障害状態になったときに支払われる「障害給付」、被保険者が死亡したときに遺族に対して支払われる「遺族給付」もあります。

年金の諸問題

　日本の公的年金は社会保険方式をとっており、加入者は支払った保険料に応じて年金給付を受けます。保険料を納めた期間が長いほど、また納めた額が多いほど、支給される年金が多くなる仕組みとなっています。ただし、貯蓄や私的年金と違って、自分の老後の分を積み立てているわけではありません。年金制度の財政方式には、保険料を積み立てて将来の年金給付に充てる「積立方式」と、現役世代の保険料を高齢者の年金給付に充てる「賦課方式」がありますが、日本は世代間扶養の考え方をベースにした賦課方式をとっています。

　しかし、これは高齢者世代に比べて現役世代のほうが多い人口ピラミッドを前提としているため、少子高齢化の進展で人口構成が変わり、この前提が崩れると、年金財政がひっ迫し、制度の維持そのものが難しくなります。そのため、少なくとも5年ごとに人口や経済の実績を織り込んで国民年金および厚生年金の財政の現況と見通しを立てる「財政検証」を行っています。財政検証が公表されると、その内容をもとに年金制度に関する議論が活発化するため、注目するようにしましょう。

❸ 財政問題

日本の一般会計予算は約112兆円(2024年度)。歳出が歳入を大幅に上回る「財政赤字」が続いており、借金の累積である公債残高も年々増加の一途をたどっています。ここでは財政の現状と問題についてみていきましょう。

日本の財政の状況

まずは、歳出と歳入の内訳から確認しましょう。歳出は、年金、介護、医療などに充てられる「社会保障関係費」、国債の元利払いに充てられる「国債費」、国から地方へ配分される「地方交付税等」で、全体のおよそ4分の3を占めています。一方、歳入を見ると、税収は6割程度に過ぎず、全体の3割以上が国債の発行、つまり借金でまかなわれています。

財政赤字が続いた結果、国債残高は約1,105兆円(2024年度末)に達する見込みで、これは税収の約16年分に相当。赤ちゃんからお年寄りまで全国民が、1人あたり約890万円の借金を抱えている計算になります。

より実感していただくために、家計に置き換えてみましょう。収入が月64万円なのに対して、支出は生活費と仕送りで71万円、さらにローン返済が23万円となっています。30万円の不足分は新たな借金でまかなっており、その累積が1億1,050万円にものぼっている状況です。

財政の課題

ここまで赤字が膨らんだ理由は何でしょうか。1つは、バブル崩壊後、長期にわたって景気が低迷し、企業や個人の所得が減少した結果、税収が落ち込んでいることです。また、2020年から3年間は、新型コロナの感染拡大に伴い、20兆〜30兆円規模の補正予算を編成し、多くを国債の発行で賄いました。

一方、歳出については、社会保障費の増大が目立っています。すでに全体の3分の1以上となっていますが、少子高齢化の進展とともに、今後ますます膨らんでいくでしょう。また政府は、異次元の少子化対策や防衛力の抜本強化を打ち出しており、これに伴う新たな財源探しが課題となっています。

国債発行残高の増大による国債費が増えることも大きな懸念材料です。これまでは超低金利が続いたため国債費の伸びは比較的抑えられてきましたが、今後、長期金利が上昇すれば国債費が急増することも考えられます。

財政赤字が増大し続けた場合、財政が硬直化して政策の自由度が減少したり、国債の格付けが下がって金利が上昇したりするなど、経済に悪影響を及ぼす危険性があります。

④ 決済の多様化

　社会全体がネット化し、デジタル社会へと変革するなか、キャッシュレス決済の急速な普及により消費者が利用する決済手段が多様化しています。政府は国内でのキャッシュレス決済のさらなる普及を目指し「2025年までに(決済比率)4割程度」の目標を掲げています。

キャッシュレス決済とその動向

　キャッシュレス決済とは、現金を使わずに対価を支払うことや、そのための決済サービスをいい、主にクレジットカード、デビットカード、電子マネー、スマートフォン決済などがあります。

　なかでも最も利用額が多いのはクレジットカードです。2021年の利用総額は80兆円を超えています。続いてQRコードやバーコードを使用するコード決済が約7.4兆円、電子マネーが6兆円、デビットが約2.7兆円となっています。近年の利用金額の傾向を見ると、クレジットカードがキャッシュレスを牽引する状況に変化はないものの、全体額に占める割合は2019年以降減少傾向です。一方、デビットカード、コード決済は大きな増加傾向を示しており、キャッシュレス決済手段の多様化に伴ってその手段も分散化の傾向にあります。

主なキャッシュレス方式

　キャッシュレス決済での支払行為は、消費者が店舗やインターネットショップなどで支払う場面〈利用〉と、消費者がキャッシュレス決済を運営するカード会社などに代金を支払う場面〈支払〉の2つに分かれます。この「利用」と「支払」のタイミングによって決済方式は3つに分類されます。

○　**クレジット(後払い)**　商品やサービスを受け取った後から支払請求が来る「後払い方式」の決済です。カードを作るためには与信審査(事前の支払能力を審査)が必要です。(例:国際カード(ビザ、マスター、JCBなどのカード))

○　**デビット(即時払い)**　商品やサービスの購入時に使用すると代金が銀行の口座から即時に引き落とされる「即時払い方式」の決済です。(例:ジェイデビット(キャッシュカード)、国際カード(ビザ、JCBなど))

○　**電子マネー/プリペイド(前払い)**　カードやスマートフォンに事前に金額をチャージしておき、商品やサービスを購入した時にチャージ額から払う「前払い方式」の決済です。(例:ギフト券(百貨店やクレジットカード会社のギフト券など)、電子マネー(Suica、PASMOなど)、サーバー型(ITunesギフトなど))

⑤ 第4次産業革命

　第4次産業革命は、18世紀の最初の産業革命以降、人類史上4番目の産業革命となります。世界的な規模で展開されるデジタル革命の上に成り立ち、経済やビジネス、社会、一人ひとりの個人に対して、空前のパラダイムシフトをもたらすさまざまな技術と結びついています。この革命により、産業構造や就業構造が劇的に変わる可能性もあります。

第4次産業革命で出現する主要な技術

　第4次産業革命では、人工知能(AI)をはじめとしてロボット工学、ブロックチェーン、ナノテクノロジー、量子コンピュータ、生物工学、モノのインターネット(IoT)、自動運転車など多岐にわたる技術革新が進んでいます。社会のさまざまな活動において、ネットワークを通じて集まった大量のデータ(ビッグデータ)を分析・活用することで、新たな経済価値を生もうとする考え方が基本にあります。

　とりわけ、機械が自ら学習し、高度な判断を可能とするAIへの注目が高まり続けるなか、最先端では生成AI(Generative AI)の開発競争が激化しています。生成AIは、従来のAIが決められた行為や作業の自動化が主目的であるのに対して、創造(生成)することを目的にデータのパターンや関係の学習を深化させ、文章や画像、音楽など新しいコンテンツ(新しいデータや情報など)を創り出すことが目的である点が特徴的です。

第4次産業革命がもたらす経済や雇用への影響

　第4次産業革命がもたらす技術革新は、企業など生産者側からみれば、個々にカスタマイズされた生産・サービスの提供への変化により、生産性も飛躍的に向上することが期待されます。また、消費者側からは、既存の財・サービスを従来よりも低価格で好きな時に適量の購入ができるほか、潜在的に欲していた新しい財・サービスを享受できるものと期待されています。

　また、AIやロボットの出現は、雇用や働き方に大きな影響を与えようとしています。負の側面として語られるのは、バックオフィス業務など雇用のボリュームゾーンである中スキルの仕事が大幅に減少する可能性があり、「仕事を奪う存在」との見方です。

　一方、正の側面は、日本経済において深刻化している「人手不足の解消」につながるとの見方です。ビジネスプロセスの変化は、ビジネスの創造につながり、「新たな仕事や雇用を作り出す」との期待もあります。

　今後、就業構造の転換に対応した人材育成や、成長分野への労働移動が必要となってくるでしょう。働き手の能力・スキルを産業構造の変化に合わせ向上させることが課題となります。

❻ SDGsとESG投資

SDGsやESG投資など、世界共通の利益のために企業活動や投資などを行うことを目指した取り組みが始まっています。国として、地方自治体として、業界として、企業として、あるいは一個人としての取り組みを公表する動きが広がり、認知度が高まっています。

SDGs

SDGsとは、2015年の国連サミットで採択された「持続可能な開発（Sustainable Development）のための2030アジェンダ」に記載された、2030年までの国際目標（Goals）です。「貧困をなくそう」「エネルギーをみんなに、そしてクリーンに」「気候変動に具体的な対策を」など、持続可能な世界を実現するための17のゴールが設定されています。

これは発展途上国だけではなくすべての国に共通するものとして認識され、日本においても2016年にSDGs推進本部が設置されるなど積極的な取り組みがすすんでいます。また、優れた取り組みを行う企業・団体等を表彰する「ジャパンSDGsアワード」において表彰される金融機関も現れています。

図表3－5　SDGsの17の目標

1	貧困をなくそう	10　人や国の不平等をなくそう
2	飢餓をゼロに	11　住み続けられるまちづくりを
3	すべての人に健康と福祉を	12　つくる責任　つかう責任
4	質の高い教育をみんなに	13　気候変動に具体的な対策を
5	ジェンダー平等を実現しよう	14　海の豊かさを守ろう
6	安全な水とトイレを世界中に	15　陸の豊かさも守ろう
7	エネルギーをみんなに　そしてクリーンに	16　平和と公正をすべての人に
8	働きがいも経済成長も	17　パートナーシップで目標を達成しよう
9	産業と技術革新の基盤をつくろう	

ESG投資

ESGとは、環境（Environment）、社会（Social）、ガバナンス（Governance）の頭文字を合わせたものです。これらの要素を加味して企業の価値を測り、投資判断を行うことをESG投資と呼んでいます。例えば、投資対象となる企業における温暖化対策や資源の効率的利用、ダイバーシティ推進、健全な取締役会の構成などへの取り組み姿勢を評価します。

また、ESGの観点から企業を評価し、高い評価を得た企業で構成するESG指数もあります。代表的なものに、S&Pダウ・ジョーンズ・インデックス社による「ダウジョーンズ サスティナビリティ インデックス」があります。

編著者紹介

株式会社プラチナ・コンシェルジュ　https://www.pt-con.jp/

マネーとキャリアに関するコンサルティング会社。
ファイナンシャル・プランナー、キャリアカウンセラー、アナウンサー、元テラー、元CAなどの専門家が所属し、
金融機関・販売代理店などに対するコンサルティングのほか、さまざまな階層・分野の研修やCS調査を行う。
本書の執筆者が講師を務める「言葉づかい」や「ビジネス文書」などのeラーニングも提供している。

㈱プラチナ・コンシェルジュ代表
和泉 昭子
Akiko Izumi

生活経済ジャーナリスト／1級ファイナンシャル・プランニング技能士／CFP®

新聞・テレビや講演、個人相談などを通じて、マネー&キャリアの情報を発信。金融機関においては、顧客および優績者向けに資産運用やライフプランをテーマとした講演を行うほか、リーダーシップ、モチベーションアップ、女性活躍推進、コミュニケーションなどの研修を多数展開している。

久谷 真理子
Mariko Kutani

1級ファイナンシャル・プランニング技能士／CFP®／公認不動産コンサルティングマスター

大学卒業後、都市銀行において個人融資業務を担当。FP資格取得後は、資金計画、不動産、相続等の相談及び実行支援を行う。得意なテーマは、住宅ローン設計、住まいの見直し設計、相続対策設計など。実務経験を生かした研修も行っている。

石橋 枝吏乃
Erino Ishibashi

2級キャリアコンサルティング技能士／GCDF-Japanキャリアカウンセラー

国際線客室乗務員の経験とキャリアカウンセラーとしてのスキルをもとに、ホスピタリティ&マナー、モチベーションアップ、マネージメントスキル研修などを展開。筑波大学大学院教育研究科カウンセリングコース修了。私立大学でキャリアの講座を担当。

橋谷 能理子
Noriko Hashitani

フリーアナウンサー／コミュニケーション講師／東京女子大学非常勤講師

長年、TBS「サンデーモーニング」等の報道番組でキャスターとして活躍。また東京都内の日本語学校で日本語教育に携わり、現在は大学の非常勤講師としてメディアとコミュニケーションの授業を担当。2023年11月、東京荻窪にブックカフェ「COTOCOTO」をオープンし、活字文化の発信活動にも取り組む。

中島 啓子
Keiko Nakajima

1級ファイナンシャル・プランニング技能士／CFP®／BCBファシリテータ／キャリアカウンセラー

都市銀行にて相談窓口を担当後、FPに転身。顧客と信頼関係を築くためのコミュニケーションプログラムを取り入れた、金融機関研修を幅広く展開。得意なテーマは「テラー研修」「CS向上研修」「セールス力強化研修」「預かり資産研修」「女性活躍推進研修」など。

國場 弥生
Yayoi Kuniba

ファイナンシャル・プランナー

早稲田大学院ファイナンス研究科修了。証券会社勤務時に個人向けの資産運用アドバイスを行う。FP転身後は、個人相談、書籍や雑誌・Webサイト上での執筆活動を幅広く行っている。

高橋 忠寛
Tadahiro Takahashi

CFP®／日本証券アナリスト協会検定会員（CMA）

メガバンクにて法人営業や富裕層向け相続ビジネスを経験。その後、外資系金融機関に転職し、資産運用相談業務を中心に保険やローンなど幅広い個人向け金融商品の販売に携わる。顧客向けセミナーでは講師を務め、資産運用の基礎について解説。

小松 英二
Eiji Komatsu

CFP®／経済アナリスト

日本銀行勤務を経て2007年にFP事務所を開業し、資産運用、相続対策を中心に相談業務を行う。生活者向けセミナー、企業の社員研修なども多数展開。テーマは金融マーケットや社会保険改革の動向から、ライフプラン、住宅ローン設計などの生活密着型まで多様。

金融機関行職員のためのファーストブック［第4版］
～ビジネスマナーと仕事のきほん～

2011年9月30日	初版第1刷発行	編著者	㈱プラチナ・コンシェルジュ
2014年9月20日	第6刷発行	発行者	髙 橋 春 久
2015年2月10日	第2版第1刷発行	発行所	㈱経済法令研究会
2018年4月30日	第6刷発行		
2019年9月20日	第3版第1刷発行		〒162-8421　東京都新宿区市谷本村町3-21
2023年3月1日	第4刷発行		電話 代表03（3267）4811　制作03（3267）4823
2024年3月31日	第4版第1刷発行		https://www.khk.co.jp/
2024年10月31日	第2刷発行		

〈検印省略〉

営業所／東京03（3267）4812　大阪06（6261）2911　名古屋052（332）3511　福岡092（411）0805

表紙・本文デザイン／Design Office Notch　イラスト／魚住リエコ　制作／長谷川理紗　印刷・製本／日本ハイコム㈱

ⓒPlatinum Concierge,Inc. 2024　Printed in Japan　　　　　　　　ISBN978-4-7668-3516-8

☆　**本書の内容等に関する追加情報および訂正等について**　☆

本書の内容等につき発行後に追加情報のお知らせおよび誤記の訂正等の必要が生じた場合には、当社ホームページに掲載いたします。

（ホームページ　書籍・DVD・定期刊行誌　メニュー下部の　追補・正誤表　）